WWW.DIELISTE.DE

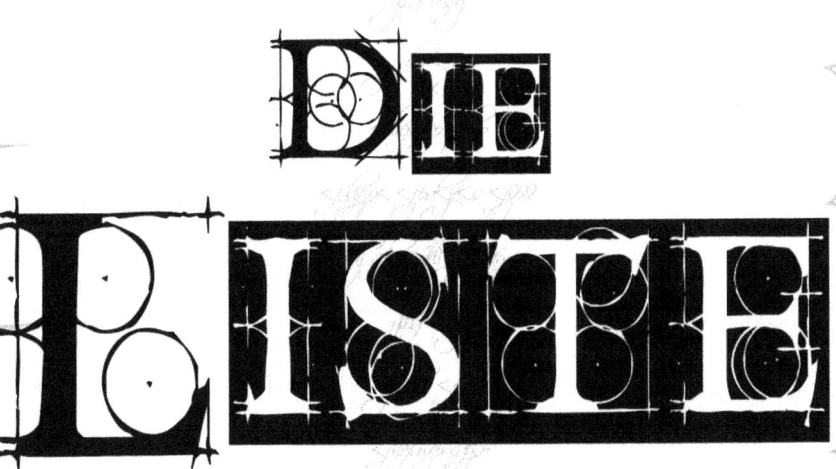

Ein Buch von Alexander Falkner

INHALT

Warum dieses Buch anders ist 7
    Wieder träumen 13

Kapitel 1
Das Fundament: Die Liste 19

Kapitel 2
Bausteine Ihres Seins 29
    Gesundheit 30
    Liebe 36
    Beruf und Lebensaufgabe 42
    Das Privatleben 46
    Das Bauwerk des Seins 50
    Eigenschaften und ihre Herkunft 51

Kapitel 3
Der innere Friede 54
    Die Wertschätzung der Zeit 56
    Süchte 62
    Dankbarkeit 73
    Der größte Schatz der Welt 76

Kapitel 4
Was ist noch zu tun? 79
    Die schwarze Liste 79
    Visualisieren 81
    Handeln 85

Kapitel 5
Sieben Schritte für eine erfolgreiche Liste 86
    1. Die Hauptliste 87
    2. Die Jahresliste 89
    3. Von der Hauptliste zur Jahresliste 90
    4. Die schwarze Liste 92
    5. Visualisieren 93
    6. Unterstreichen Sie Ihre Collage mit den richtigen
    Worten 94
    7. Tag für Tag eine Liste 95

Kapitel 6
Der letzte Schritt 96
    Einsicht 97
    Der Trugschluss des Wünschens
    und die Extreme 100
    Über allem steht der Mut 105

Das Herz des Autors 107

EINFÜHRUNG

WARUM DIESES BUCH ANDERS IST

Die Vorstände eines großen Unternehmens machten sich intensiv Gedanken darüber, was sie tun könnten, um ihre Umsätze zu steigern. Sie überlegten in nächtelangen Meetings, wie sie es anstellen sollten, der Marktführer in ihrer Branche zu werden.
Nach einem Jahr war immer noch kein geeignetes Konzept gefunden, und so beschlossen sie, eine Unternehmensberatung hinzuzuziehen.
Die Berater sahen sich das ganze Unternehmen an und gaben zahlreiche Hinweise und Tipps, was zu tun wäre, damit die Erlöse endlich in die Höhe schnellten.
Nach der Beratung begannen die Vorstände die Zahlen ganz genau zu beobachten – doch leider war auch nach einem Jahr noch keine Veränderung zu bemerken. Die Umsätze waren um keinen Deut anders als vorher, und von Marktbeherrschung konnte keine Rede sein.

Die Vorstände wollten aber nicht so schnell aufgeben und zogen eine neue Unternehmensberatung hinzu. Auch diese konnte nach einem Jahr keine Veränderung zum Positiven bewirken.
Nach diesem erneuten Misserfolg bekam das Unternehmen den Ruf einer hartnäckigen Beratungsresistenz, ja es hieß sogar, eine Steigerung der Umsätze sei dort einfach unrealistisch.
Die Vorstände wollten es aber wenigstens noch ein letztes Mal versuchen, bevor sie endgültig aufgaben. Also beauftragten sie eine weitere Unternehmensberatung.

Ab diesem Zeitpunkt wurde alles anders.
Nach einem Jahr schossen die Zahlen in den Orbit, und nach zwei Jahren war das Unternehmen mit Abstand die Nummer eins in der Branche.

Als der Vorstandsvorsitzende in einem Interview gefragt wurde, was denn passiert sei und was diese Unternehmensberatung anders als ihre Konkurrenten mache, sagte er nur kurz:
„Alle sagten uns immer, WAS wir machen sollen. Aber dann kam endlich einer, der uns zeigte, WIE wir es machen müssen."

Lieber Leser,
Sie werden sich fragen, warum ich dieses Buch mit einer solchen Geschichte beginne.
Wenn man heute in Buchhandlungen an den Regalen vorbeigeht, bemerkt man ganz schnell, dass es hunderte Bücher gibt, deren Verfasser ganz genau wissen, wie man zu Erfolg und Reichtum kommt, den Weg zur eigenen Mitte findet oder die Kraft des Seins entdeckt. All diese Bücher erklären exakt, was man tun muss, um erfolgreich zu sein.
Die Frage ist nur: Warum schwimmen die Menschen nicht schon längst im Erfolg, wenn das alles in so vielen Büchern derart genau beschrieben ist?
Warum lesen sie immer wieder solche Literatur, die ihnen sowieso bloß wieder das Gleiche rät?
Die Antwort gibt unsere Geschichte. Natürlich weiß jeder ziemlich genau, welche Voraussetzungen nötig sind, damit man erfolgreich ist. Die meisten sind sich sicherlich auch der Mechanismen bewusst, die dabei wirken.
Doch kaum jemand von uns hat eine Vorstellung davon, WIE er seine Ziele, Träume und Wünsche in die Tat umsetzen soll.
Es ist also bekannt, was zu tun ist. Nur, wie setzt man es um?
Leider gibt die Mehrzahl aller Erfolgs-Ratgeber dafür keine Lösungen an die Hand.
Genau das werden wir mit diesem Buch ändern!

Ich werde Ihnen nicht erklären, warum eine positive Einstellung wichtig ist, dass Sie begeistert sein müssen oder Ihre Mitte finden sollen.
Nein!
Sie werden endlich ein Mittel für das „WIE?" an die Hand bekommen.

WIE erreiche ich all meine großen Ziele?
WIE schaffe ich es, an mich und mein Leben zu glauben?
WIE arbeite ich an einer positiven Einstellung?
WIE erarbeite ich mir die Eigenschaften einer Erfolgspersönlichkeit?
WIE schaffe ich es, von ganzem Herzen zu lieben und mich für die Liebe zu öffnen?
WIE schaffe ich es, frei und ohne Vorurteile durch die Straßen zu gehen und dabei zu strahlen und zu lachen?
WIE erarbeite ich mir wahres Selbstvertrauen, ohne Schauspielerei und Angst?
WIE schaffe ich es, sagen zu können: Ich bin? Also: Wie finde ich mich selbst?
WIE erlange ich ein Leben in wahrer Begeisterung, voller Glück und Reichtum?
Und WIE finde ich wahren inneren Frieden?

Genau auf dieses WIE gehen wir in diesem Buch ein. Ich werde Ihnen hier eine Technik verraten, dank derer Sie Ihre geistigen und materiellen Ziele voller Spaß und Leichtigkeit miteinander vereinen und vor allen Dingen auch sicher erreichen werden.

Dieses Buch ist ein Arbeitsbuch. Nutzen Sie die Chance und machen Sie mit, wenn Sie aufgefordert werden, etwas zu notieren oder zu trainieren.

Sie haben kein Esoterik-, kein Power- oder Glücksbuch vor sich, das Sie nur für ein paar Stunden motiviert.

Nein, es ist eine Anleitung zu Ihrem Erfolg in allen Lebensbereichen.
Wenn Sie die Tipps, die es enthält, praktisch umsetzen, werden Ihre kühnsten Träume und Ziele Wirklichkeit werden – egal, ob auf privater oder geschäftlicher, auf geistiger, seelischer oder materieller Ebene.

Begeben Sie sich also nun auf eine spannende Reise und setzen Sie Ihre Träume und Ziele in die Tat um.

Eine unangenehme Wahrheit

Dass Sie auf der Suche nach etwas Neuem sind, zeigt sich darin, dass Sie dieses Buch lesen.
Doch wie viel Sie mitnehmen, liegt ganz allein an Ihnen.

Vielleicht haben auch Sie große Träume, Visionen und Ziele? Ganz sicher aber kennen Sie es: wenn man sich etwas in seinen Kopf gesetzt hat, was man unbedingt erreichen will, ohne das einem das Leben leer und sinnlos vorkommt.
Denn jeder Mensch hat irgendwann in seinem Leben, meist als Kind, Jugendlicher oder junger Erwachsener, solche brennenden Wünsche – Visionen, die er unbedingt umsetzen will.

Jeder hat die Phasen, in denen er glaubt, Bäume ausreißen zu können, etwas zu bewegen, etwas Besonderes zu leisten.
Jeder Mensch, ausnahmslos jeder, will Großes aus seinem Leben machen!

Doch was passiert so oft mit diesen Träumen, Zielen und Wünschen? Wo sind die Traumhäuser, Traumautos, Ausbildungen, Abschlüsse, Traumpartner, Reisen?
Einfach verpufft – nichts ist von ihnen übrig geblieben.
Die Gesellschaft, der Alltag und die Normalität haben den meisten Menschen all das weggenommen, bevor sie es überhaupt hatten.
Manchen von ihnen fehlte schon der Mut, sich seine tiefsten Herzenswünsche überhaupt einzugestehen, sie haben sie konsequent vor sich selbst verleugnet, um so wenigstens das Gefühl des Scheiterns gleich von vornherein zu vermeiden.

Eine unangenehme Wahrheit!
Genauso ist ist es aber wahr, dass alle Menschen ihre Träume erfüllen können.
Vielleicht sollte man sogar sagen, dass jeder Traum auch erfüllt wird. Nur oftmals leider von anderen.
Wer es nicht geschafft hat, kommt dann mit Ausreden wie: „Ich wollte das ja nicht wirklich" oder „Die anderen hatten einfach mehr Glück".
In Wirklichkeit haben diese „anderen" einfach an ihren Träumen festgehalten und hart daran gearbeitet, die Schwierigkeiten, die sich ihnen in den Weg stellten, zu überwinden. Sie haben all ihre Kraft für den Traum eingesetzt.
Während unsere „Realisten" vorm Fernseher saßen und dachten: „Oh ja, wäre das schön …"

Wenn Sie zu dem Teil der Menschheit gehören, der seine Träume tatsächlich verwirklichen will, der bereit ist, seine Ziele in Angriff zu nehmen, seine Vorstellungen in die Tat umzusetzen: Lesen Sie in den nächsten Kapiteln, wie Sie zu Ihren wahren Wünschen zurückfinden, wie Sie sie erkennen und sie verwirklichen können.

Sie werden ab dem ersten Kapitel die schon genannte Technik an die Hand bekommen, die Ihnen hilft, dass Ihre Träume Wirklichkeit werden können.

Eine Technik, die schon tausende Male funktioniert hat und viele Menschen zu unglaublichen Erfolgen führte.

Viel Spaß dabei!
Ihr Alexander Falkner

Wieder träumen

Wenn Sie ganz ehrlich zu sich sind und tief in Ihre Seele blicken, werden Sie bemerken, dass all Ihre Träume, Ziele und Wünsche, die Sie hatten, noch da sind.
Vielleicht müssen Sie ein wenig suchen. Vielleicht sind Ihre Träume aber auch noch klar zu sehen, dann lodern der Glaube und das Feuer noch in Ihnen.
Möglicherweise kennen Sie Ihre Ziele auch sehr genau und wollen nun beginnen, sie zu erreichen.

Es kann natürlich auch sein, dass Ihre alten Herzenswünsche schon aus Ihrem Bewusstsein gewichen sind. Dann ist es ab sofort Ihre Aufgabe, sie wiederzufinden, in Ihrer Seele das Feuer von neuem zu entfachen.
Viele von Ihnen denken jetzt sicher: „Warum? Mir geht es doch ganz gut!" Aber vielleicht erinnern Sie sich an den Schmerz, den es Ihnen bereitet hat, als Sie Ihre Träume aufgaben. Als Sie sie Schritt für Schritt verloren oder aber auch schlagartig entschieden haben, dass sie die falschen seien.
Wie auch immer, Ihr allgemeines Lebensgefühl hängt stark davon ab, ob Sie noch an Ihre Träume und Wünsche glauben und dafür arbeiten oder nicht.

Ist eigentlich auch völlig logisch. Denn wie wollen Sie eine absolute innere Befriedigung und Erfüllung verspüren, wenn Sie Ihre einst größten und wundervollsten Lebensziele aufgegeben haben?
Eines ist also unabdingbar: Sie müssen den Mut aufbringen und wieder zurückkehren in die Zeit, in der Sie noch träumten.
Machen Sie doch einfach einen kleinen Versuch und denken an Ihre größten Ziele als junger Erwachsener.

Malen Sie sich noch einmal das, was Sie damals erstrebt haben, in den schönsten Farben aus und fühlen Sie sich so, als wäre alles schon erreicht.

Nehmen Sie sich eine Minute Zeit und fühlen Sie Ihre Träume. Stellen Sie sich alles bildlich vor und spüren Sie in sich hinein: Was machen Ihre Gefühle?

Sicher ist es auch Ihnen so gegangen: Der intensive Gedanke an Ihre alten Wünsche und Sehnsüchte hat immer noch Ihren ganzen Körper mit magischer Kraft erfüllt.
Dies ist der eindeutige Beweis, dass Sie noch einen Auftrag haben: den Auftrag, diese Träume und Ziele zu erfüllen und zu erreichen!
Ich weiß, dass es richtig schwer ist, aus seinem Alltagstrott herauszukommen. Vielleicht gerade in der heutigen Zeit. Aber was soll's? Natürlich ist es eine Herausforderung, sein Leben zu verändern!
Und selbstverständlich werden sich manche in Ihrem Umfeld wundern, wenn Sie zum Beispiel vom Angestellten zum Unternehmer werden wollen.
Doch es ist Ihre Entscheidung, ob Sie Ihr Leben selbst leben wollen oder andere bestimmen lassen, was Sie zu tun haben!
Die Masse der Menschen ist fremdbestimmt. Man tut das, was die Gesellschaft für einen vorsieht, führt brav alles aus, was von einem erwartet wird.
Die entscheidende Frage ist allerdings: Was erwarten SIE von sich?

Ich will Sie jetzt ja nicht schocken, aber wollen Sie wirklich einmal im hohen Alter auf dem Sterbebett liegen und denken: „Warum hab ich es nicht gemacht?"

Ich weiß, dass Sie es nicht wollen! Aber ich weiß auch, dass Selbstbetrug eine sehr weit verbreitete „Problemlösungsstrategie" ist.
Bloß: Einen inneren Frieden, wie ihn sich jeder aus tiefstem Herzen wünscht, findet man damit nie.

Wenn Sie Ihre derzeitige Situation verändern und nicht den Rest Ihres Lebens ständig auf der Suche nach Ablenkung, sinnloser Aktivität und falschem Genuss sein wollen – dann müssen Sie Ihre Träume wiederaufleben lassen. Sie werden bemerken, dass Ihr Lebensgefühl innerhalb weniger Tage ungeahnte Höhen erreicht.
Bedürfnisse, die Sie bisher belasteten, wie Alkohol, Kaffee, Fernsehen und alle anderen kleinen und großen Süchte zur Ablenkung vom grauen Alltag, werden Sie jetzt kaum noch verspüren.
Ihr Leben wird schlagartig viel lebenswerter, glücklicher und vor allem sinnvoller.
Nehmen Sie sich Zeit und pflegen Sie Ihre Seele, indem Sie Ihre Träume wieder auflodern lassen.

In meinen Coachings und Seminaren werde ich oft gefragt, ob es nicht gefährlich sei, an seinen Träumen festzuhalten.
In diesem Buch gehen wir natürlich auch auf die Gefahren ein. Auf die Dinge, die Sie beachten müssen, wenn Sie träumen, und vor allem auf das schon oben beschriebene WIE.
Denn mit den richtigen Techniken und der richtigen Planung, die man sich in geeigneter Weise visualisiert, werden die möglichen Gefahren auf null reduziert.
Durch die Techniken, die Sie in diesem Buch lernen, werden Sie sicher die Erfüllung Ihrer Träume, Wünsche und Ziele erreichen!

Ausreden

Bevor wir nun damit beginnen, Ihren Träumen und Zielen entgegenzugehen, will ich Ihnen noch eine Sache ans Herz legen.

Das Gegenteil von Offenheit ist nicht, wie man normalerweise meint, Verschlossenheit, sondern die Ausrede. Viele suchen sich in den Büchern, die sie lesen, genau die Stellen heraus, die ihre Auffassung – oder vor allem ihre Bequemlichkeit – bestätigen. Alles andere, was ihnen nicht behagt, überlesen sie großzügig. Sie überspringen die Stellen, an denen man ihnen erklären will, dass sie etwas ändern müssten.
Sie sehen: Mit den Ausreden geht es meist da los, wo Veränderung gefordert wäre. Plötzlich ist das alte Auto doch ganz gut, denn für das neue müsste man ja schuften. Stünde jedoch plötzlich die Lottofee vor der Tür, wäre es im Nu auf dem nächsten Schrottplatz.

Viele Menschen gehen immer den bequemeren Weg, den Weg der Ausrede. Wenn diese Menschen von Erfolg sprechen, begründen sie ihn mit Zufall oder Glück – allenfalls noch mit Talent oder Genialität.
Aber das ist alles schlicht und ergreifend Schwachsinn.
Man weiß inzwischen, dass der Mensch wirklich alles lernen und somit auch alles schaffen kann.
Natürlich gibt es Talente – aber wenn es darum geht, ob man ein Ziel erreicht oder nicht, ist Talent gar nicht der entscheidende Faktor!

Wie steht es denn mit Ihrem täglichen Leben?
Ich bin sicher, dass es Aufgabenbereiche in Ihrem Alltag gibt, mit denen Sie überdurchschnittlich gut zurechtkommen.

Und jetzt denken Sie einmal an den Moment, in dem Sie so etwas zum ersten Mal bewerkstelligten. Wie gut beherrschten Sie diese Sache oder Aktivität zu Beginn?
Denken Sie mal an Ihr erstes intimes Erlebnis oder an die erste Auto- oder Fahrradfahrt.
Wie gut waren Sie da?

Denken Sie an Ihren Beruf, an Ihre Partnerschaft – egal an was. Es gab so viele Dinge, die Sie erlernen konnten.
Wenn Sie also erkennen, dass Sie alles lernen können und die Ausreden („Ich habe dafür kein Talent" oder „Da fehlt mir die Zeit") beiseite lassen, sind Ihre Träume wieder greifbar, und Sie sind auf dem Weg zu ihnen.
Der erste Schritt auf dem Weg zum Glauben an sich selbst ist es, zu verstehen, was wirklich möglich ist.
Erst wenn Sie einsehen, dass durch Fleiß und Überzeugung sogenanntes „Talent" entsteht, werden Sie wieder vorankommen.

Sie sollen Ihre eigene Geschichte schreiben. Eine Geschichte, die Ihr Leben lebenswert macht.

Der erste Schritt dahin ist der Glaube an sich selbst.
Erst wenn Sie aus tiefster Überzeugung sagen können: „Ich glaube wirklich, dass alles möglich ist, weil ich weiß, dass jedes Talent dieser Welt auf harter Arbeit beruht" – erst dann können Sie beginnen, Ihre Geschichte zu schreiben und – vor allen Dingen – zu leben.
Ohne diesen Glauben sind Eigenschaften wie Begeisterung, Authentizität und Eloquenz nur Schauspielerei.
Diese Schauspielerei wird Sie langfristig nicht befriedigen, sie wird Verbitterung und Armut in Ihr Leben bringen.

Also, liebe Leser, beginnen Sie zu akzeptieren, dass es nicht Talent oder Glück war, falls auf irgendeinem Gebiet ein anderer mehr erreicht hat als Sie.

Benutzen Sie keine Ausreden mehr, belügen Sie sich nicht mehr selbst.

Erklären Sie ab sofort nicht mehr, warum Sie etwas nicht können oder nicht schaffen. Suchen Sie stattdessen immer eine Lösung dafür, WIE Sie es möglich machen können.

Sie allein sind verantwortlich für Ihr Leben und für die Situation, in der Sie gerade sind! Wie auch immer Ihr Leben im Moment aussieht!

Sie müssen die Verantwortung übernehmen, Verantwortung für Ihre Fähigkeiten und Ihre Leistung. Nur so schaffen Sie es, etwas zu verändern.

KAPITEL 1
DAS FUNDAMENT: DIE LISTE

Aber lassen Sie uns nun endlich die Verwirklichung Ihrer Träume und Ziele in Angriff nehmen!

Viele erwarten nun eine neue, noch nie da gewesene, außergewöhnliche Erkenntnis.
Wenn Sie zu diesen Menschen gehören, muss ich Sie leider enttäuschen. Wie immer im Leben sind die einfachsten Dinge die genialsten.
Genau so ist es mit der ultimativen Technik für Ihren Erfolg. Sie ist sogar so einfach, dass Sie nach Anwendung sagen werden: Warum habe ich das nicht längst so gemacht? Warum bin ich nicht schon selbst draufgekommen?

Die meisten Menschen sammeln Wissen an und können nichts damit anfangen. Denn niemand hat ihnen gezeigt, wie sie das Wissen nutzen und umsetzen können.
Wie bei allem, was man auf dieser Welt beginnt, ist auch bei Ihren persönlichen Zielen einzig und allein die Umsetzung das Entscheidende.

Bevor wir beginnen, noch eine Bitte an Sie:
Ich weiß, dass Bücher meistens nur gelesen werden, aber selten studiert. Ich weiß, dass 99 Prozent aller Menschen zwar kluge Ratgeber lesen, aber die Aufgaben, die ihnen darin gestellt werden, nie in Angriff nehmen.
Da sind wir wieder bei der Umsetzung. Anscheinend lieben es die meisten, Wissen zwar anzuhäufen, es aber dann doch nicht anzuwenden.
Wenn Sie zu dieser Sorte Mensch gehören, hier mein dringender Appell: Erproben Sie diese Technik wirklich!

Allein wenn Sie mit der Anwendung beginnen, werden Sie sich Ihren Zielen ein Stückchen näher fühlen und anfangen, daran zu glauben, dass Sie alles erreichen können.

Meine Technik trägt den Namen „Die Liste".

Der Mensch kennt seit jeher Listen.
Ihr Führerschein, Ihr Einkaufszettel, Ihre Reisegepäckplanung, die Zehn Gebote, sogar Ihre Familie – fast alles im Leben lässt sich auf ein einziges Ordnungsprinzip zurückführen: die Liste.

Genau das Gleiche machen wir jetzt mit Ihren geistigen und materiellen Zielen.
Wir machen Listen.
Wir werden aber nicht einfach aufschreiben: „Das und das ist mein Ziel", wir werden jede einzelne Aktivität darin auflisten, die zum Erreichen des Zieles notwendig ist.

Ein Beispiel:
Nehmen wir an, Sie wollen eine Sprache lernen.
Wie viele Sprachprogramme haben Sie schon benutzt, die einfach nur in der Ecke liegen?
Klar, es bedeutet viel Arbeit, eine Sprache zu lernen. Aber wäre das ein Grund, aufzugeben?
Wir können ja normalerweise nicht in die Zukunft sehen. Deswegen bleibt es uns zunächst einmal verborgen, wie gut wir die Sprache eines Tages beherrschen werden. Wir erleben nur, dass wir am Anfang so gut wie nichts verstehen oder sprechen können.
Genau das ist der Grund dafür, dass wir resignieren und nicht weitermachen.

Mit dieser Erkenntnis ist aber schon der erste Schritt zur Abhilfe getan: Wir benötigen eine Technik, die uns jeden Tag dazu motiviert, weiterzulernen.

Eine Technik, die uns wissen lässt, was wir gerade im Moment zu tun haben, und die uns gleichzeitig in diesem Moment ein kleines Erfolgserlebnis beschert: dass wir nämlich unser Pensum soeben wieder erfüllt haben.

Diese Technik ist die Liste!

Das Geheimnis der Liste ist, dass Sie alles bis ins kleinste Detail planen.

Als ich meine erste Liste schrieb, hatte ich etwa 1950 ganz kleine Ziele auf das ganze Jahr verteilt. Obwohl ich eigentlich große Ziele erreichen wollte!

Aber ich hatte sie eben in kleine Ziele „zerlegt" und war in der Lage, jeden Tag mehrere solche Ziele zu erreichen und abzuhaken.

Manchmal waren es bis zu 25 am Tag.

Können Sie sich vorstellen, wie motivierend es ist, zu wissen, dass Sie jederzeit ein Ziel erreichen können?

Diese Liste wirkt wie eine Lawine. Einmal in Gang gesetzt, ist sie nicht mehr aufzuhalten. Und damit sind auch Sie nicht mehr aufzuhalten! Sie werden es oft gar nicht mehr erwarten können, Ihr nächstes Ziel auf der Liste zu bearbeiten.

Zurück zum Erlernen einer Sprache als Beispiel. Ihre Liste könnte im Detail so aussehen:

Ziel 2009:
Spanisch in Wort und Schrift alltagstauglich beherrschen
Nötige Aktivitäten: 1000 Vokabeln lernen

Diese 1000 Vokabeln werden beispielsweise in 200 Einheiten zu je fünf Vokabeln aufgeteilt.
Wichtig ist, dass Ihre Ziele schnell und einfach zu erreichen sind. Wenn Sie also fünf Vokabeln noch als zu viel empfinden, machen Sie Dreier- oder Zweierschritte.
Damit die Methode funktioniert, ist es entscheidend, dass Sie für jedes Ziel einen eigenständigen Listeneintrag anfertigen.

Also etwa so:

5 Vokabeln lernen   erledigt am 05.02.2009 um 16:30

5 Vokabeln lernen   erledigt am 06.02.2009 um 07:30

5 Vokabeln lernen

5 Vokabeln lernen

Und so geht es weiter, bis Sie alle Teilaktivitäten aufgelistet haben.

Dazu kann außer dem Vokabelnlernen etwa ein Spanischkurs gehören, den Sie sich vornehmen, oder ein Spanienaufenthalt.
Vielleicht setzen Sie noch drei spanischsprachige Bücher auf die Liste, die Sie lesen wollen. Natürlich können Sie das auch wiederum in kleine Schritte aufteilen, etwa, dass Sie jeden Tag ein Kapitel oder eine Seite aus einem bestimmten Buch lesen.
Egal was, wichtig ist nur, dass es auf der Liste steht, damit Sie es abhaken können.
Wenn Sie diese Technik anwenden, werden Sie am Ende des Jahres, ohne es wirklich bemerkt zu haben, Ihr gewünschtes Ziel erreicht haben.

Und genauso können Sie es mit all Ihren Zielen machen. In manchen Fällen werden Sie dabei recht kreativ sein müssen. Zum Beispiel wenn es um so große Ziele wie ein neues Auto oder ein neues Haus geht. Denn das Wichtigste ist die Kraft der kleinen Ziele und Erfolge.

Bleiben wir bei dem Beispiel mit dem Auto. Was spricht dagegen, dass Sie Ihr Traumauto für die Liste sozusagen in seine Einzelteile zerlegen und auf jedes Teil einzeln hinarbeiten?
Sie können sich zum Beispiel vorstellen, dass Sie sich mit einer bestimmten Einnahme, die Sie verbuchen können, den Auspuff bezahlt haben, mit der nächsten den Motor, und so weiter.
Sie werden dann das Geld aufs Sparkonto legen und dabei das Gefühl haben, dass ein Teil des Autos bereits Ihnen gehört.
Wenn Sie studieren, kann das durchaus nicht immer so lustige Studentenleben dank der Liste zu einem richtigen Abenteuer werden.

Am besten, Sie nehmen sich ein DIN-A4-Heft und beginnen gleich damit, Ihre Ziele aufzulisten.
Ich empfehle Ihnen aus Motivationsgründen, die Liste handschriftlich auf Papier und nicht mit Ihrem Computer zu erstellen. Dadurch verleihen Sie Ihrer Liste einen größeren ideellen Wert. Sie werden sich automatisch mehr Mühe geben, damit sie auch schön ist. Immerhin sehen Sie sie jeden Tag.
Außerdem werden Sie sich Ihre Ziele genauer überlegen, weil Sie bei einer Fehlplanung nicht einfach die Löschtaste drücken können, sondern Ihre Liste verunstalten müssten.
Machen Sie also Ihre Liste handschriftlich und vor allem mit viel Mühe und Liebe.

Es gibt ein paar wichtige Punkte, die Sie dabei unbedingt beachten sollten.

1. Planen Sie immer nur ein Jahr!
Natürlich können manche großen Ziele nicht in einem Jahr erreicht werden.

Machen Sie sich ganz einfach eine Hauptliste mit all Ihren Zielen, die Sie langfristig erreichen wollen.

Aus dieser Liste nehmen Sie sich Ziele für das laufende Jahr vor und listen sie separat auf.

Ein Jahr ist ein überschaubarer Zeitraum. Sie müssen also jetzt handeln und haben gleichzeitig die Aussicht, auch Ihre großen Ziele schnell zu erreichen.

2. Kleine Ziele
Zerlegen Sie nun alle Ihre Ziele in möglichst kleine Teilziele, die Sie immer und jederzeit schnell erreichen können.

Nur so kann die Motivation ständig aufrechterhalten werden.

3. Tag für Tag
Nehmen Sie gerade zu Beginn die Liste jeden Tag in die Hand und arbeiten Sie bewusst an Ihren kleinen Zielen. Da die Ziele immer schnell zu erreichen sind, wird die Bearbeitung Ihrer Liste zur Gewohnheit, und Sie werden schon bald jeden Morgen automatisch zur Liste greifen – genauso wie zu Ihrer Zahnbürste.

Egal was für Ziele Sie haben: Es besteht immer die Möglichkeit, sie auf kleine Teilziele „herunterzurechnen".

Wenn Sie diese Technik anwenden, verspreche ich Ihnen, dass Sie immer all Ihre Ziele zu 100 Prozent erreichen werden.

Sicher hatte fast jeder von Ihnen schon einmal 1000 Euro zur Verfügung. Überlegen Sie: 1000-mal dieser Betrag, oder auch 10 000-mal die recht überschaubare Summe von 100 Euro – das wäre beispielsweise schon Ihre erste Million.

Wenn Sie wirklich große Ziele haben, ist es geradezu unabdingbar, diese Technik anzuwenden, wenn Sie sich sicher sein wollen, das Erstrebte auch zu erreichen.

Sie können diese Liste als Ihren Coach ansehen, der Ihnen immer sagt, was gerade los ist und was Sie tun müssen.
Wenn Sie also das nächste Mal grübeln und nicht wissen, was Sie tun sollen, oder wenn Sie zehn Minuten auf den Bus warten müssen, ist das gut.
Denn Sie haben Ihre Liste und können innerhalb weniger Minuten ein Erfolgserlebnis einfahren und Ihren Zielen ein Stückchen näher kommen.

Manche werden jetzt sagen: „Wenn ich das alles so genau durchplane, werde ich doch meiner gesamten Freiheit beraubt! Am Ende bin ich bloß noch Gefangener meiner eigenen Planung."
Lieber Leser, genau das Gegenteil wird eintreffen! Ich erkläre Ihnen natürlich auch, warum.
Wenn Sie erst einmal all Ihre Ziele, Bedürfnisse und Leidenschaften in einer Liste verpackt haben, werden Sie so viel Freiheit und Lebensfreude haben wie noch nie.
Wenn Sie die Liste geschrieben haben, sind viele Ihrer menschlichen Grundbedürfnisse befriedigt.

Zuerst das Bedürfnis nach Sicherheit: Dadurch, dass Sie nun endlich einmal all Ihre kleinen Ziele und Wünsche in dieser Liste niedergelegt und schriftlich festgehalten haben, wissen Sie, dass sie erst mal vor Ihrer Vergesslichkeit sicher sind.
Wie oft am Tag denken Sie an Dinge, die Sie an diesem Tag, diese Woche oder in Ihrem Leben tun wollen? Und wie viele dieser Dinge tun Sie dann nicht?

Sie werden sich besser fühlen, wenn Sie all Ihre Tagesaufgaben notieren und somit den Tag sicher beginnen. Genauso wird sich diese Liste auf Ihr gesamtes Leben auswirken.
Sie werden bald beim Gedanken an Dinge, die Sie langfristig tun wollen, eine innere Sicherheit und Ruhe verspüren. Sie können ja schließlich auch die kleinsten Details davon nicht vergessen.

Als zweiter Punkt Ihre Freiheit: Dank der Sicherheit werden Sie sich auch viel freier fühlen. Weil Ihr Kopf nicht mehr ständig damit beschäftigt ist, die nächsten Details zu planen und im Gedächtnis zu behalten, werden Sie ab sofort viel mehr Zeit und freie Kapazität für Kreativität haben, werden viel mehr für den Augenblick leben können als vorher.
Sie werden erst jetzt fühlen, was wahre Freiheit sein kann.
Wenn Sie wissen, dass alle Ihre Zielgedanken notiert sind, werden Sie in der Lage sein, sich selbst und Ihre Umwelt besser kennenzulernen.
Sie werden die kleinen Dinge in Ihrem Leben wieder schätzen und viel mehr sehen als vorher.
Zu guter Letzt haben Sie dadurch die Chance, Ihr Dasein aus neuen Perspektiven zu sehen und damit Lebensweisheit und inneren Frieden zu gewinnen.

Diese Liste wird Sie also nicht zum Gefangenen machen. Sie wird Ihre Befriedigung, Sicherheit und Freiheit sein.
In meinen persönlichen Coachings hat die Umsetzung dieser Liste immer zu großen Erfolgen geführt.

So hatte zum Beispiel eine junge Studentin, als sie bei mir ein Coaching begann, erhebliche Lernschwierigkeiten. Sie konnte sich nie aufraffen, die Bücher in die Hand zu nehmen und zu lernen.

Nachdem sie damit angefangen hatte, ihre Liste zu schreiben, war sie plötzlich wie ausgewechselt. Sie konnte es gar nicht erwarten, ihr Ziel, das Studium zu beenden, zu erreichen. Sie hat nun ihren Notenschnitt erheblich verbessert und verspürt keinen Druck, irgendetwas tun zu müssen.
Bei ihr hat sich das Gefühl einer inneren Freiheit eingestellt. Sie muss sich nicht ständig ins Gedächtnis rufen, dass die Prüfungen näher kommen und was sie bis dahin noch alles schaffen muss. Das Lernenmüssen empfindet sie nicht mehr als Bedrückung, sondern es macht ihr Spaß.

Das ist ja auch verständlich: In kurzen Abständen immer wieder ein Lernziel zu erreichen, ist schließlich viel motivierender, als stundenlang durchzulernen, um danach wieder alles zu vergessen.

Das ist der nächste Vorteil: Durch die klar definierten, überschaubaren Lernziele behält man das Gelernte viel leichter im Gedächtnis als bei einer unstrukturierten Acht-Stunden-Session.
Ist das nicht toll?

Jeder, der die Liste anwendet, wird seine Ziele erreichen, sich selbst näher sein als zuvor und vor allem sein Lebensgefühl in allen Belangen erheblich steigern.
Die Methode funktioniert bei den verrücktesten Dingen, auch dort, wo es um ganz und gar nicht rationale Ziele geht. Packen Sie Ihre ganz privaten Herzenswünsche auf die Liste, und sie sind bald Realität!
Sie werden ein freier Mensch sein, frei von der Angst, Ziele nicht erreichen zu können.
Vor allem aber frei von der Last, die ein mit Kleinkram zum Platzen voller Kopf verursacht.

Tun Sie Ihrem Geist, Ihrem Körper und Ihrer Seele Gutes und machen Sie sich Ihre Liste der persönlichen Freiheit!

Erstellen wir also nun Schritt für Schritt Ihre Liste und gehen auf die verschiedenen Bausteine des Seins ein.

KAPITEL 2
BAUSTEINE IHRES SEINS

Im ersten Teil der Liste werden wir auf die wichtigsten Punkte Ihrer Persönlichkeit und Ihres Lebens eingehen.

Wir werden nicht darüber sprechen, was Sie brauchen, um erfolgreich zu werden. Ich werde auch im Gegensatz zu vielen Kollegen nicht auf Eigenschaften eingehen, die Sie sich antrainieren sollen.

In diesem Kapitel werden wir viel fundamentalere Dinge ansprechen, die in Ihnen längst vorhanden sind, aber gegen die Sie vielleicht aus irgendwelchen Gründen ankämpfen. Dinge, die Sie nur noch finden und entfalten müssen.

Wir werden in diesem Kapitel auf dieses Thema eingehen und dann Ihre Ziele Schritt für Schritt in die Liste einflechten.

Versuchen Sie Ihr Leben genau unter die Lupe zu nehmen, während Sie das Kapitel lesen.

Beginnen wir mit der Gesundheit!

Gesundheit

Alle Reichtümer dieser Welt sind nichts wert ohne die Gesundheit. Ihr ganzes Sein beruht auf Ihrer Gesundheit.
Vielleicht wissen Sie, dass laut einiger wissenschaftlicher Studien ungefähr 90 Prozent aller körperlichen Krankheiten in der Psyche, also in Ihren Gedanken entstehen.
Nehmen Sie sich einen Moment Zeit und denken Sie an das letzte Mal, als Sie krank waren.
Wie ging es Ihnen vor Ihrer Krankheit?
Kann es sein, dass damals Stress, Aufregung oder Nervosität Ihr Leben mehr als sonst beeinflussten?
Wenn zu dieser Zeit nicht gerade ein Virus grassierte, ist die Wahrscheinlichkeit sehr hoch, dass die Krankheit vorher in Ihrem Geist entstand. Ihr Geist wollte Sie einfach nur vor weiterem Stress schützen.
Vielleicht haben Sie aber auch schon einmal eine Krankheit simuliert? In vielen Fällen schlägt die Krankheit, wenn man sie in seinem Geist und seinen Gefühlen durchspielt, tatsächlich später zu.

Hier eine kleine persönliche Geschichte, die zeigt, wie der Geist oder das Unterbewusstsein die Gesundheit auch im entgegengesetzten Sinn, nämlich positiv, beeinflussen können.

Ich war zwölf Jahre alt, als ich mitten in der Nacht mit starken Bauchschmerzen aufwachte. Die Schmerzen waren sehr schlimm, irgendwie hielt ich aber zunächst einmal durch.
Erst am dritten Tag ertrug ich alles nicht mehr; ich litt die bis heute schlimmsten Schmerzen meines Lebens. Meine Eltern brachten mich zum Arzt. Die Ärztin untersuchte mich und wurde leicht nervös.

Sie orderte sofort einen Krankenwagen, der mich ins Krankenhaus bringen sollte, und erklärte meiner Mutter, dass ich kurz vor einem Blinddarmdurchbruch stehe. Das sei ziemlich gefährlich, es könne sogar lebensbedrohlich werden. Ich müsse sofort operiert werden.
Operation? Alle meine Gedanken spielten verrückt.
Ich hatte bis dahin nur schlimme Assoziationen zum Thema Operation. Und da ich bis einschließlich heute nie operiert wurde, wusste ich nicht, dass es halb so schlimm ist.
Jedenfalls hatte ich plötzlich höllische Angst. Ich musste irgendwie aus dieser Nummer rauskommen. Irgendwie musste ich es schaffen, nicht operiert zu werden. Panik pur herrschte in meinem Kopf.
Als wir im Krankenhaus ankamen, untersuchte mich vorab der Krankenhausarzt. Er drückte mit viel Kraft auf meinen Blinddarm.
Ich hatte heftige Schmerzen, versuchte jedoch stark zu sein und sagte, ich spüre nichts.
Der Arzt kannte wohl solche Fälle und sagte grinsend: „Kaum hört man OP, schon ist der Schmerz weg."
Er sagte, ich müsse über Nacht dableiben, und morgen sähen wir weiter.
Am nächsten Tag waren die Schmerzen gänzlich verschwunden, und ich habe meinen Blinddarm heute noch!
Mein Wille war stärker gewesen als jedes Glied oder Organ in meinem Körper. Der hat den Auftrag, auf keinen Fall eine OP zuzulassen, sofort ausgeführt.
Erst Jahre später wurden mir die Lehren, die sich aus dieser Geschichte ziehen lassen, so richtig bewusst: was wir nämlich alles mit der Kraft unseres Geistes anstellen können und wozu wir auf diese Weise fähig sind.

Die Regel Nummer eins bei der Gesundheit lautet: Achten Sie darauf, dass Sie gesund denken.

Die meisten Krankheiten entstehen im Geist und können somit von uns verhindert werden.

Sehen wir uns doch einmal Ihr Leben in Bezug darauf an, ob Sie gesund denken und handeln.
Rauchen Sie?
Trinken Sie gern einen über den Durst?
Sind Sie ohne Kaffee ein anderer Mensch?

Ich nenne bewusst diese drei Gesellschaftsgifte, weil sie als normal angesehen werden.
Die meisten Menschen haben vermeintlich positive Assoziationen bei diesen Giften: das entspannende Gefühl, das einem eine Zigarette gibt, oder die Lockerheit, die uns der Alkohol schenkt, oder die Energie, die im Kaffee steckt.
Erinnern Sie sich an Ihren ersten Zug an einer Zigarette oder Ihren ersten Schluck Alkohol? Wenn ja: Wissen Sie noch, wie widerlich es war?
Ihr Körper hat Ihnen beim ersten Mal gesagt: Das brauch ich nicht, das will ich nicht.
Sie beachteten das wunderbarste Geschenk der Natur nicht, Ihre Sinne.
Leider hören wir meistens nicht auf unseren Körper, sondern lassen uns von der Gesellschaft mitreißen. Obwohl die Ängste, die wir vor der zerstörerischen Kraft dieser Gifte haben, tief im Unterbewusstsein verankert sind. Wir wissen, dass diese Gifte unserem Körper, unserem Geist und unserer Seele schaden.
Hier wirkt die Psyche sich leider wieder negativ auf unsere Gesundheit aus.
Das Tückischste an diesen „gesellschaftsfähigen" Giften ist ihre Hinterhältigkeit, denn man bemerkt den Überkonsum meist zu spät.

Aber es gibt Hoffnung: Denn Lockerheit ist auch ohne Alkohol, Entspannung ohne Zigarette und Energie ohne Koffein zu haben. Und das ist die entschieden bessere Variante!

Doch bevor wir damit anfangen, müssen wir uns klarmachen, dass zunächst einmal unser Gesundheitsbewusstsein dringend änderungsbedürftig ist. Wir müssen ehrlich sein und sagen: „Stimmt. Der Alkohol, meine Ernährung, der Zigarettenkonsum, alles zusammen schadet mir."
Ohne dieses Eingeständnis können Sie so viel daran arbeiten, wie Sie wollen. Denn Sie werden in Ihrem Innersten nie einsehen, warum Sie das tun sollen. Und darum werden Sie dann bald wieder zu Ihren alten Gewohnheiten zurückkehren.
Zu diesem Kapitel gehören natürlich auch Themen wie Fresssucht, Unsportlichkeit und alles, was mit ungesunder oder gesunder Lebensweise zusammenhängt.
Die Mechanismen sind dieselben – wichtig ist nur, dass Sie ehrlich zu sich selbst sind und dass Sie begreifen, mit welchen Ihrer Verhaltensweisen Sie langfristig Ihre Gesundheit aufs Spiel setzen.

Schreiben Sie nun alle Ihre Ziele in Bezug auf die Gesundheit auf. Lassen Sie sich Zeit und überlegen sich genau, was Sie stört oder was Sie ändern wollen.

Sie haben über Ihre Lebensweise nachgedacht und wissen nun, was Sie ändern wollen?
Dann gebe ich Ihnen ein paar Anregungen für Ihre Kreativität.

Vielleicht haben Sie als Ziel für Ihre Liste, sich einen Top-Körper zu erarbeiten.
Was gehört dazu? Sport, Ernährung, Fitness, und so weiter …

Beginnen wir also mit dem Sport: Sie könnten sich beispielsweise in diesem Jahr 100-mal 2 Situp-Einheiten zu je 25 Stück listen.
Das Gleiche mit Liegestütz-, Oberarm- oder Beinmuskulaturtraining.
Sie könnten sich außerdem vornehmen, 300-mal Obst zu essen oder 50-mal laufen zu gehen.
Oder Sie planen Ihre Körperpflege mit Masken, Saunen und Wellness bis ins Detail.
Für diese erste Liste verwenden Sie bitte nur Dinge, die Sie tun wollen. Schreiben Sie noch keine Dinge hinein, die Sie weglassen wollen, wie beispielsweise Kaffee oder Zigaretten.
An den Dingen, die Sie nicht mehr wollen, werden wir später gesondert arbeiten!

Zum Thema Sport ein schönes Beispiel:
Vor einiger Zeit coachte ich einen jungen Mann, der sehr hart an sich arbeitete. Er träumte davon, einen durchtrainierten Körper zu haben. Irgendwie gelang es ihm allerdings nicht, konsequent zu sein. Er strengte sich zeitweise extrem an, um sein Ziel zu erreichen – aber zwischendurch dann dafür wieder gar nicht. Das Ende vom Lied war, dass sich nichts änderte.
Als wir gemeinsam seine Liste erstellten, merkte ich ihm schon den Tatendrang an, sie auch abzuarbeiten. Er konnte gar nicht mehr aufhören, sein Trainingsprogramm mit all seiner Energie durchzuziehen.
Dieser junge Mann hat es geschafft, sich durch Hometraining ohne Fitnessstudio und sonstigen Schnickschnack einen Adoniskörper der Extraklasse anzutrainieren, der heute allgemein bewundert wird und um den ihn so manche seiner Geschlechtsgenossen auch beneiden.
Wieder ein wundervolles Beispiel für die Kraft dieser Liste!

Lassen Sie sich also Zeit und befassen Sie sich mit allem, was mit Ihrer Gesundheit zu tun hat.
Ab und zu ist ein wenig Kreativität gefragt.
Machen Sie auf jeden Fall Ihre Gedanken frei von solchen halbherzigen Vorsätzen wie „Ich müsste mal Sport treiben, mehr Obst essen oder weniger Gifte konsumieren".
Beginnen Sie jetzt mit Ihrer Liste, schreiben Sie alles bis ins Detail auf.

Haben Sie Ihre Gesundheit auf Ihrer Liste geplant? Dann kommen wir zum nächsten Punkt: der Liebe.

Liebe

Lassen Sie mich das Thema Liebe mit einer Geschichte beginnen.

Erfahre die Liebe

Es lebte einst ein großer König. Er war der mächtigste Mann in der bekannten Welt. Er hatte wirklich alles. Schlösser, Völker und alle Reichtümer dieser Erde. Er wurde mit Ruhm überschüttet, und jedermann suchte seine Nähe.
Doch irgendetwas fehlte ihm. Und schließlich wurde ihm auch klar, was es war: Er hatte alles in seinem Leben, nur keine Liebe.
So machte er sich auf zu einer weisen Frau, die den Ruf hatte, alles über die Liebe zu wissen.

Dort angekommen, erklärte er ihr seine Lage.
Die weise Frau betrachtete ihn und sein Leben. Natürlich kannte sie ihn, und so gab sie ihm schließlich folgende Aussage mit auf den Weg:
„Du besitzt so viele Länder und Reichtümer, du bist nicht frei. Erst wenn du frei bist, wirst du Liebe empfinden."

So ging er zurück und dachte tagelang nach, was er tun sollte. Das Verlangen nach Liebe in ihm wurde so stark, dass er sich entschloss, alle Reichtümer aufzugeben und ein normales Leben zu führen, um endlich Liebe zu fühlen.
Als er das getan hatte, wartete er Tage und Wochen ab, doch nichts änderte sich, es kam immer noch keine Liebe in ihm auf.
Er dachte schon, er hätte völlig umsonst all seine Reichtümer aufgegeben.
Darum beschloss er, erneut zur Weisen zu gehen, um nochmals mit ihr zu sprechen.

Als er ihr wieder seine Situation schilderte, sah sie ihn traurig an und sagte: „O König, du trauerst um dein Hab und Gut, du vermisst deinen Reichtum. O König, du bist nicht frei."
Mit diesen Worten ließ sie ihn erneut allein.

Der verwirrte König dachte darüber nach und entschloss sich, sein Königreich erneut aufzubauen.
Als alles wieder beim Alten war, bemerkte er eine Verwandlung. Er sah seinen Besitz mit anderen Augen. Er war sehr dankbar dafür, die Aufgabe des Regierens wahrnehmen zu dürfen, er sprach mit den Menschen über ihr Leben. Und er schätzte all seine Reichtümer viel mehr.
Sein ganzes Sein war durchströmt von Dankbarkeit und Liebe.

Voller Glück über dieses neue Gefühl besuchte er nochmals die weise Frau.
Er erklärte ihr alles und bedankte sich bei ihr.
Er hatte nur noch eine Frage.
„Liebe Weise, warum sagtest du nicht einfach, was ich tun muss, dass ich einfach die Dinge mit Freude, Herzlichkeit und Dankbarkeit angehen soll, um diese Liebe zu spüren? Warum musste ich erst mein gesamtes Hab und Gut aufgeben und es dann wieder aufbauen, um diese Liebe zu erfahren?"
Die Weise lächelte mild und sagte: „Selbstverständlichkeit ist der Schatten der Liebe. Meistens erkennt man den Wert der Dinge erst, wenn sie nicht mehr da sind. Nur der Mensch, der Liebe erfährt, lässt keine Selbstverständlichkeit zu und liebt immer und überall."

Mit dieser Geschichte steigen wir in das wohl heikelste Thema des Buches ein.

Warum heikel?
Weil es das schwierigste Thema dieser Welt ist.

Sehen wir uns doch mal die Liebe an. Jeder, wirklich jeder hat tief in sich den brennenden Wunsch, zu lieben und geliebt zu werden.
Doch wie sieht die Praxis aus? Da heißt es: „Schaun wir mal", „erst mal Karriere", „Ich lebe einfach mein Leben". Auch hier hat die sich selbst betrügende Gesellschaft schon lange die Oberhand gewonnen.
Die meisten Menschen sind nicht mehr wirklich offen für die Liebe. Sie geben ihren Enttäuschungen die Führung über das Leben.

Wenn wir das Wort „Liebe" hören, denken wir an eine Beziehung, eine Partnerschaft oder an Sex. Die Liebe zu einem Partner entsteht immer wieder neu, hält lange, wenn nicht sogar für immer.
Liebe, lieber Leser, ist allerdings viel mehr. Natürlich hat eine Partnerschaft wesentlich mit Liebe zu tun, doch ist dies nur ein kleiner Teil der Liebe.
Ich habe hier das Thema Partnerschaft nur deswegen als Einstieg genommen, weil jeder darüber seine eigene Geschichte schreiben kann. Ein „Baustein des Seins" ist aber nicht so sehr der feste Lebenspartner – das ist vor allem die wahre, allgegenwärtige Liebe, die ich gemeinsam mit Ihnen erforschen möchte.

Liebe ist im wahrsten Sinne des Wortes alles.
Egal was Sie tun, der Erfolg dieser Sache hängt immer von Ihrer Liebe dazu ab.
Wenn Sie dieses Buch lesen und es nicht mit offenem Herzen tun, wenn Sie nicht versuchen, die von mir vorgeschlagenen Aktivitäten zu lieben, werden Sie diese Zeilen schnell überfliegen, dann das Buch zuschlagen – und nichts daraus lernen.

Oder wenn Sie Ihre Arbeit, Ihre Kinder, Ihre Freundestreffen nur als lästige Pflicht sehen – dann laufen Sie dem Unglück in die offenen Arme.

Egal, was Sie in Ihrem Leben erfolgreich zu Ende gebracht haben – Sie haben es mit Liebe getan. Es gibt keinen Bereich des Lebens, in dem keine Liebe gefordert wäre.

Die meisten Menschen gehen aber einfach nur von einer Aktivität zur nächsten.

Ein bekannter Spruch sagt:
Egal, was für eine Aufgabe du auch hast, du hast immer die Wahl, WIE du sie bewältigst.

Mit dem „Wie" in diesem Spruch ist gemeint, ob du deiner Aufgabe Liebe schenkst – oder eben nicht.

Wie kommt es, dass die Menschen so viel Angst vor der Liebe haben? Wieso sehen wir so wenig Menschen mit von Liebe erfüllten Augen?

Die Antwort ist wieder einmal in den Ansichten zu suchen, die uns die Gesellschaft vorgibt: Liebe wird als Schwäche angesehen!

Wir haben es auf irgendeine Art und Weise geschafft, dass selbst die Kinder das so sehen – und bei ihnen beginnt ja bekanntlich unsere Zukunft.

Sicher kennen Sie noch das Lied aus der Kindheit: „Thomas ist verliebt, Thomas ist verliebt ..."

Da geht es schon los. In den Köpfen der Kinder setzt sich die Vorstellung fest, dass Liebe etwas Lächerliches sei.

Machen Sie doch einfach kurz die Augen zu und denken Sie an einen Moment in Ihrem Leben zurück, in dem Sie ein tiefes Gefühl von Liebe empfunden haben.

Wenn Sie jetzt ehrlich sind, müssen Sie sagen, dass es eines der schönsten, wenn nicht das schönste Gefühl überhaupt war, an das Sie sich erinnern können.
Wäre es jetzt nicht wundervoll, wenn Sie dieses Gefühl immer und überall empfinden könnten?
Wenn Sie den Menschen voller Liebe in die Augen sehen könnten?
Wenn Sie jeden Tag von Liebe überströmt würden?
Wenn Sie alles, was Sie tun, in voller Liebe und Erfüllung täten?

Um das zu können, ist es wichtig, zu verstehen, dass Liebe alles ist, was Sie brauchen. Dass es das A und O ist, wenn Sie Träume und Ziele haben, diese in Liebe anzugehen.

Zurück zur Liste:
Wie kann man denn Liebe planen? Gar nicht?
O doch! Sie können durchaus etwas für die Liebe tun. Sie können mehr Liebe in Ihr Leben bringen, die allgemein Glück bringende Liebe jeden Tag befördern.
Sie könnten sich etwa vornehmen, dieses Jahr 200-mal einem Menschen eine Liebeserklärung zu machen. Oder auch, einem Freund ohne Grund einfach zu danken, dass es ihn gibt, und ihm alles zu sagen, was Sie so besonders an ihn bindet.
Ihrem Partner „einfach so" einen Liebesbrief zu schreiben.
Oder einem Fremden auf der Straße für eine gelungene Aktion oder Tat zu gratulieren und ihm Komplimente zu machen.
Vielleicht sind Sie mit einem Menschen im Streit oder gar Hass auseinandergegangen und haben das noch nicht verarbeitet. Also nehmen Sie auch die Versöhnung mit ihm in Ihre Liste auf.
Sie können auch allen Menschen, die Sie kennen, einmal im Jahr etwas Gutes tun.
Es gibt so viele Kanäle der Liebe!

Das Wichtigste ist, Liebe zu geben. Am besten dann, wenn sie der andere nicht erwartet.
Denn die Erinnerung an das Außergewöhnliche dieser Situation wird sich bei Ihnen ebenso wie beim Empfänger umso mehr einprägen.

Die meisten wollen diese Liste vor allem für den nächsten Punkt, den beruflichen Erfolg, nutzen. Unterschlagen Sie aber auf keinen Fall das Thema Liebe auf Ihrer Liste.
Auch wenn es Ihnen etwas schwerer fallen sollte, in diesem Bereich kreativ zu sein: Nehmen Sie sich Zeit für die Liebe! Sie wird Ihr ganzes Sein in allen Lebensbereichen erheblich beeinflussen.

Nehmen Sie sich also wieder Zeit und notieren alles, was Sie ändern und was Sie haben wollen.

Beruf und Lebensaufgabe

„Wie läuft's in der Arbeit?" Eine der beliebtesten Smalltalk-Fragen. Die beliebteste Antwort: „Viel zu tun, aber sonst alles super." Wirklich? Passt wirklich alles? Oder sagen Sie es einfach nur so? Sind Sie wirklich zu 100 Prozent zufrieden mit Ihrem Beruf? Oder machen Sie ihn nur, weil man eben irgendetwas arbeiten muss? Tausende Bücher mit über einer Million Tipps füllt dieses Thema. Versuchen wir doch einfach, mit ein paar gezielten Fragen herauszufinden, ob Sie den richtigen Beruf für sich gefunden haben und ob wirklich alles passt.

Lieben Sie Ihren Beruf?
Freuen Sie sich jeden Morgen auf Ihren Job, auf Ihre Aufgabe?
Wenn Sie über Ihren Job nachdenken, kommen dann Glücksgefühle in Ihnen auf, und Sie müssen vor innerer Freude lächeln?
Würden Sie Ihrer Arbeit bei einem plötzlichen Millionengewinn weiter nachgehen?

Wenn Sie diese Fragen mit „Ja" beantworten können, gratuliere ich Ihnen herzlich dazu.
Diejenigen, die jetzt Nein sagen, denken wahrscheinlich Dinge wie: „Das ist doch Traumtänzerei" oder „unrealistisch".
Genau das ist die Herausforderung.
Die Masse der Menschen sieht die Sache so, dass man arbeiten muss, um Geld zu verdienen.
Wenn Sie zu dieser Gruppe gehören, bitte ich Sie, über folgende Rechnung nachzudenken:

Wenn wir davon ausgehen, dass Sie acht Stunden täglich in Ihre Arbeit investieren, verplempern Sie täglich 33 Prozent Ihrer Zeit,

also langfristig rund 20 bis 25 Prozent Ihres Lebens, mit einer Sache, die Ihnen keinen Spaß macht.
Dabei sind diese 20 Prozent nicht einmal das Schlimmste daran.
Das Schlimmste ist, dass natürlich Ihre anderen Lebensbereiche unweigerlich davon mitbeeinflusst werden.
Wie sollen Sie denn voller Liebe zu Ihrer Familie kommen, wenn Sie sich acht Stunden mit Aufgaben herumgeschlagen haben, die Ihnen zuwider sind? Wie wollen Sie völlig entspannt und wonnevoll wie ein Baby ins Bett gehen, wenn Sie wissen, dass Sie am nächsten Tag wieder Ihrem verhassten Job nachgehen müssen?
Meinen Sie, Sie könnten diese acht Stunden Sklaverei einfach aus Ihren Gedanken verbannen, sobald sich das Werkstor, die Laden- oder Bürotür hinter Ihnen geschlossen hat?

Es liegt nicht in meiner Absicht, dass Sie diese Fragen lesen und von heute auf morgen Ihren Job kündigen.
Nur sollten Sie über das alles nachdenken und auch hier ganz ehrlich mit sich selber sein.
Sie müssen sich klar darüber werden, ob Sie das, was Sie tun, wirklich bis ins hohe Alter durchziehen wollen.
Ob Sie wirklich weiterhin auf den Lotto-Jackpot hoffen oder Ihren Erfolg selbst in die Hand nehmen wollen.
Also? Wollen Sie wirklich diese schreckliche Bürde ein Leben lang tragen?

Nehmen Sie sich eine oder zwei Stunden Zeit und notieren sich alles, was Sie irgendwann einmal als Ihren Traumberuf angesehen haben.
Was waren Ihre Traumberufe als Kind?
Was würden Sie gern beruflich können?
Was sind Ihre größten Leidenschaften und Hobbys im Leben?

Verplempern Sie keine Zeit.
Egal wie lange Sie Ihren Beruf schon machen – wenn Sie das Gefühl haben, Ihnen fehlt etwas, dann fangen Sie an, sich diese Dinge zu notieren, und wir können dann damit arbeiten.

Zurück zur Liste:
Was für Ziele, Hobbys, Leidenschaften haben Sie entdeckt?
Wie würde Ihr Traumberuf, Ihr Traumleben aussehen?
Beginnen Sie jetzt, Ihre Liste für diesen Bereich zu schreiben.
Denken Sie hier vor allem an die Kraft der kleinen Ziele.
Nehmen wir an, Sie sind selbstständig und haben ein finanzielles Ziel.
Was für ein Produkt verkaufen Sie, und was bringt es Ihnen im Schnitt? Tragen Sie jetzt in Ihre Liste ein, wie viel Ihre Firma verkaufen muss, damit Sie Ihr finanzielles Ziel erreichen.
Oder sagen wir, Sie wollen Ihr Hobby zum Beruf machen. Nehmen wir an, Sie interessieren sich sehr für Mode.
Sie könnten beispielsweise neben Ihrem Beruf Fernstudien und Kurse in diesem Bereich belegen und entsprechende Teilziele in Ihre Liste eintragen. Vielleicht können Sie sich auch schon vornehmen, einen Nebenjob in der Modebranche zu suchen. Dann schreiben Sie in Ihre Liste die Anzahl der Bewerbungen, die Sie tätigen wollen.
Wichtig ist auch hier wieder, dass jede Kleinigkeit, die nötig ist, um Ihre Ziele zu erreichen, auf der Liste steht.
Vielleicht betreiben Sie eine Sache, die Ihnen Spaß macht, bereits nebenberuflich und wollen diese in die Hauptberuflichkeit führen. Was alles müssen Sie bis ins kleinste Detail tun, um das zu schaffen?
Wenn Sie sich darüber klar geworden sind: Rauf auf die Liste, egal was Sie im Moment beruflich tun!

Ob Sie studieren, angestellt, arbeitslos oder selbstständig sind – nutzen Sie Ihre Kreativität für die Liste und schreiben Sie alles auf, was Ihnen wichtig ist.

Wenn Ihnen das, was Sie tun, keinen Spaß macht, denken Sie darüber nach, wie Sie Ihr Hobby zum Beruf – wenigstens zunächst zum Nebenberuf – machen können. Beginnen Sie dann mit dem kleinsten Ziel und notieren das, was Sie erreichen wollen, auf Ihrer Liste.

Und denken Sie immer an das Wichtigste: Lassen Sie sich Zeit dafür!

Das Privatleben

Ich unterscheide in diesem Buch zwischen Beruf und Privatleben. Das ist nicht mehr nötig, sobald Sie einmal den wirklich zu Ihnen passenden Beruf oder Ihre Lebensaufgabe gefunden haben, sobald Sie gelernt haben, immer und überall mit Liebe an das heranzugehen, was vor Ihnen liegt. Denn dann wird Ihr Lebensgefühl keinen Unterschied mehr zwischen beidem machen. Dann werden Sie im Einklang mit Ihrem Leben, mit Ihrem Umfeld wie mit allem, was Sie tun, sein und keinen Gegensatz zwischen beruflich und privat mehr bemerken.
Bis dahin gibt es aber noch einiges zu tun. Lassen Sie uns also auch diesen Punkt behandeln.

Mit dem Privaten ist es ganz ähnlich wie mit dem Beruf, die Rechnung ist dieselbe: Sie haben acht Stunden am Tag Zeit, Ihr privates Leben positiv zu gestalten.
Um Ihr Privatleben in die richtigen Bahnen lenken zu können, müssen Sie sich bewusst machen, dass es aus zwei Komponenten besteht: aus dem, was war, und aus dem, was ist.

Beginnen wir mit dem, was war.
Welche Leichen haben Sie im Keller? Welche Dinge haben Sie in den letzten Jahren getan, mit denen Sie noch nicht abgeschlossen haben?
Sie merken schon, worauf ich hinauswill. Sie können unmöglich mit einer Leiche im Keller ruhig und gelassen leben. Denn sie könnte ja entdeckt werden.
Sie können niemals das Jetzt voll und ganz genießen, wenn es Dinge gibt, mit denen Sie noch nicht ins Reine gekommen sind.

Der zweite Bereich ist die Gegenwart.
Was für ein Umfeld haben Sie?
Ich will nicht wie in den meisten Büchern darauf hinaus, dass Ihr Umfeld zeigt, wer Sie sind, und ich will Sie auch nicht dazu animieren, Ihr altes Umfeld komplett aufzugeben.
Machen Sie sich doch erst einmal einfach Gedanken darüber, wie Sie leben und welche Menschen Ihnen wirklich gut tun.

Als Nächstes machen Sie sich Gedanken, ob es Personen gibt, die Sie regelmäßig treffen, die Ihnen aber Unbehagen bereiten, von denen Sie lieber schnell wieder weg wollen.
Gibt es irgendwelche Aktivitäten, die Sie regelmäßig vollziehen, obwohl sie Ihnen überhaupt keinen Spaß machen?

Genau wie die anderen Bereiche werden wir auch Ihr Privatleben listen.
Wichtig ist jetzt erst einmal, dass Sie erkennen, wer oder was von Ihrem Gefühl her gut für Sie ist und bei wem oder was Sie merken, dass er oder es Ihnen schadet.
Das, was Ihnen privat nicht behagt oder richtiggehend schadet, sind meist Dinge, die Sie schon gewohnt sind, bei denen Sie gar nicht mehr nachdenken, warum Sie sie tun. Es nervt zwar, aber Sie tun es trotzdem.
Genau deswegen werden Sie auch hier wieder ein wenig Zeit brauchen, um sich über das alles richtig klar zu werden. Womöglich fällt Ihnen das eine oder andere erst auf, wenn wieder ein nervender Mensch oder eine langweilige Aktivität auf Sie zukommt.
Als erster Schritt ist jedenfalls wichtig, zu erkennen, wer oder was es ist. Sie müssen sich bewusst machen, was Sie an Ihrem Privatleben stört und was Sie verändern wollen.
Erst dann können wir anfangen, mit der Liste zu arbeiten.

Notieren Sie sich wieder alle Dinge, die Sie unbedingt einmal machen wollen.
Was ist Ihnen privat wichtig?

Zurück zur Liste:
Beginnen wir also mit Ihren privaten Zielen, die in der Regel den größten Platz auf der Liste einnehmen.
Sicher haben Sie alle Ihre privaten Ziele schon im Kopf. Wichtig ist jetzt, sie auch alle zu notieren.

Ein Beispiel sind wir ja bereits mit dem Erlernen einer Sprache durchgegangen.
Wahrscheinlich gibt es richtig viel, was Sie sich vorgenommen haben.

Vielleicht die ganze Welt bereisen? Dann notieren Sie sich auf Ihrer Gesamtliste die Länder, die Sie in Ihrem Leben besuchen wollen. Das Land oder die Länder, die es in diesem Jahr sein sollen, kommen in Ihre Jahresliste.
Vielleicht wollen Sie Fallschirm springen, ein Auto, eine neue Wohnung, den Führerschein, einen Partner, in eine Therme oder ganz andere Dinge.

Machen Sie sich klar, was Sie alles wollen, und machen Sie Ihre Liste wieder vollständig.
Denken Sie wieder an Ihre Kreativität und überlegen Sie zu jedem Punkt möglichst kleine Teilziele, die Sie erledigen können.
Bei einer Reise, die 1000 Euro kostet, können es 100-mal zehn Euro sein, die Sie mal hier und da in Ihre Reisekasse stecken. Beim Führerschein könnten Sie die einzelnen Stunden herunterbrechen und den finanziellen Rahmen planen.

Bei kleineren Dingen wie dem Fallschirmsprung könnten Sie kleine Teilschritte bis zum Sprung festlegen, etwa: 1. Informieren, 2. Buchen, 3. Sprung.

Egal was – planen Sie bis ins kleinste Detail, und alles, was Sie in Angriff nehmen, wird Ihnen richtig einfach erscheinen und vor allem Spaß machen.

Zu jedem Ziel gibt es einen schweren und einen leichten Weg. Die Liste zeigt Ihnen immer den leichten.

Das Bauwerk des Seins

Sie haben nun die wichtigsten Bausteine des Seins kennengelernt. Sie wissen, dass ohne Gesundheit nichts geht, dass Sie wieder offener für die Liebe sein müssen. Sie wissen, dass Ihr Berufs- und Privatleben im Einklang stehen sollen.
Das Wichtigste daran ist, zu verstehen, dass bei einem stabilen, glanzvollen Bauwerk jeder Baustein eine tragende Rolle hat. Wenn nur einer brüchig oder gar kaputt ist, dann droht das ganze Bauwerk zusammenzubrechen.
So ist es auch mit den aufgeführten Lebensbereichen.
Wenn Sie beruflich und privat zufrieden und erfolgreich sind, wenn Sie sich fit und gesund fühlen, aber keine Liebe in Ihr Leben lassen, wird Ihr Bauwerk früher oder später wieder zusammenbrechen.
Das ist, als würden Sie mit einem platten Reifen Auto fahren: Früher oder später wird das Auto fahruntauglich sein und den Geist aufgeben. Genau wie bei dem Auto ist es auch in Ihrem Leben. Je länger Sie auf dem kaputten Reifen fahren, umso mehr müssen Sie reparieren und umso höher wird die Rechnung.
Wenn Sie also durch dieses Buch Ihren inneren Frieden gefunden haben und im Einklang mit sich und Ihrem Umfeld sind, achten Sie immer auf Ihr Bauwerk. Versuchen Sie immer, bewusst zu leben und vor allem alle Lebensbereiche in Ihrer Liste zu verankern.
Gehen Sie anfallende Renovierungsarbeiten immer sofort an.

Ich werde in meinen Seminaren und Coachings oft gefragt, ob man auch Eigenschaften wie Geduld, Zielstrebigkeit oder Ausdauer mit der Liste erarbeiten kann.
Ich muss meine Teilnehmer dann immer enttäuschen und „Nein" sagen.
Warum das so ist, erkläre ich Ihnen kurz im nächsten Absatz.

Eigenschaften und ihre Herkunft

Wie bereits in der Einleitung erwähnt, werde ich nicht darüber schreiben, was für Eigenschaften Sie benötigen oder sich erarbeiten sollen.
Warum sollte ich so etwas Sinnloses tun?
Alle Eigenschaften, die es auf dieser Welt gibt, haben Sie doch sowieso schon.
Ich höre immer wieder Aussagen wie: „Der hat Ehrgeiz", „der ist ja wahnsinnig zielstrebig", „der kämpft bis zum Schluss", „der kann so toll aus sich rausgehen und so begeistert sein", „hat der Geduld", und tausende mehr.
Für den Fall, dass Sie selbst hier und da mit solch bewundernden Aussagen konfrontiert werden, will ich in diesem Kapitel eines erreichen: Ich will in Ihnen die Erkenntnis wecken, dass Sie selbst ebenso all diese großartigen Eigenschaften in sich tragen. Der einzige Grund, wenn Sie bei sich vielleicht nichts davon bemerken, ist, dass Sie wohl im Leben noch auf der falschen Stelle stehen.
Kinder stehen immer auf der richtigen Seite des Lebens. Sehen wir doch mal die Eigenschaften der Kinder an.
Wie begeistert sind sie von allen möglichen Dingen und verleihen dieser Begeisterung offen Ausdruck!
Wie viel Ausdauer und Wille steckt in ihnen, wenn sie etwas unbedingt wollen!
Wie zielstrebig arbeiten sie, wenn sie eine Sache beginnen, die ihnen Spaß macht!
Wie offen sind sie mit ihren Gefühlen!

Sie waren auch mal ein Kind. Sie waren auch mal von Dingen begeistert, arbeiteten voller Ehrgeiz auf Ziele hin und konnten Ihren Gefühlen jederzeit Ausdruck verleihen.

Alle Eigenschaften sind bereits da. Sie müssen nur die richtigen Aufgaben und die richtigen Hobbys haben, die richtigen Menschen um sich sammeln, um das alte Feuer wieder zu entfachen.

Ich will Ihnen in diesem Kapitel ein paar Leitsätze an die Hand geben, die Ihnen helfen sollen, wieder an Ihre Eigenschaften zu glauben und sie neu zu entdecken.

Zielstrebigkeit: Wenn ein Mensch ein Ziel hat, das ihm Spaß bereitet, wird er mit aller Zielstrebigkeit darauf hinarbeiten.
Tipp: Beobachten Sie Ihre Zielstrebigkeit bei den kleinen Dingen des Lebens, die Ihnen richtig viel Spaß machen.

Begeisterung: Eine tiefe Überzeugung kann unmöglich ohne Begeisterung erzählt oder weitergegeben werden.
Tipp: Wie hört es sich an, wenn Sie über ein tolles Erlebnis erzählen. Wie reden Sie über Dinge, von denen Sie überzeugt sind?

Zuverlässigkeit: Ein Mensch, dem eine Sache wichtig genug ist, wird auf jeden Fall pünktlich sein.
Tipp: Beobachten Sie sich und Ihre Zuverlässigkeit bei den Dingen, die Ihnen wichtig sind, und bei den Dingen, die Sie nicht unbedingt tun wollen.

Hilfsbereitschaft: Ein Mensch, der wirklich liebt, wird alles geben, was er hat.
Tipp: Wie steht es mit Ihrer eigenen Hilfsbereitschaft? Welchen Menschen helfen Sie am meisten?

Ausdauer: Ein Mensch mit einem echten Ziel wird nie aufgeben.
Tipp: Sehen Sie sich Ihr Verhalten in der Vergangenheit an. Wann hatten Sie ein echtes Ziel, und wie oft mussten Sie Dinge tun, die

Sie verabscheuten, und brachten trotzdem genug Kraft auf, um weiterzumachen?

Wille: Ein Mensch, der etwas wirklich will, findet immer einen Weg, es zu bekommen.
Tipp: Beobachten Sie sich und die manchmal lustigen Wege, die Sie einschlugen, als Sie das letzte Mal unbedingt etwas wollten.

Geduld: Ein klarer Verstand, der weiß, was er will, ist immer geduldig.
Tipp: Achten Sie auf Ihr Verhalten, wenn Sie in einer Sache sehr erfahren sind. Wie geduldig können Sie dann sein?

Gelassenheit: Ein Mensch, der an sich oder eine Sache glaubt, ist immer entspannt und gelassen. Zweifel lassen uns verkrampfen.
Tipp: Stellen Sie sich die Frage: Wie gehen Sie an eine Aufgabe heran, wenn Sie wissen, dass Sie in dieser Sache besonders gut sind? Sind Sie dann nicht gelassen und sicher?

Es gibt Hunderte von tollen Eigenschaften, die jeder Mensch besitzt. Zur Selbsterkenntnis gehört es auch, zu erkennen, dass alle Eigenschaften in Ihnen vorhanden sind und Sie nur noch die richtigen Dinge oft genug tun müssen, um das auch zu sehen.

Lassen Sie mich dies nun als Überleitung verwenden, um zum nächsten Teil des Buches zu gelangen. Es geht um den inneren Frieden und was uns die Liste in diesem Zusammenhang nützen kann.

KAPITEL 3
DER INNERE FRIEDE

Warum lesen Sie ein Buch wie dieses?
Warum lesen Sie überhaupt Bücher?
Warum suchen Sie, obwohl Sie nicht genau wissen, was?

Fragen über Fragen.

Die Überschrift dieses Kapitels enthält die Antwort.
Sie suchen inneren Frieden.
Sie wollen die Weisheit erlangen, um endlich in sich ruhen zu können.
Sie wollen alle Ihre Ziele erreichen, um immer und jederzeit völlig gelassen und entspannt durchs Leben gehen zu können.

Wie ein berühmtes Sprichwort sagt:
„Wer andere kennt, ist gelehrt. Wer sich selbst kennt, ist weise."
(Lao-tse)

Sie wollen in sich ruhen und durch Ihre Ziele diese Ruhe finden.
Ich kenne viele, die vorgeben, in sich zu ruhen, doch in Wirklichkeit innerlich zerfressen sind. Ich wünsche Ihnen, dass Sie nicht nach einem Rezept suchen, wie Sie inneren Frieden vorgaukeln können, sondern wie Sie ihn wirklich besitzen und ausstrahlen.
Leider ist der wahre Weg erheblich schwerer, dafür aber auch der einzig befriedigende.
Alle Gelassenheit, Ruhe, Entspanntheit und auch jeder wahre Erfolg ruhen auf der Basis des inneren Friedens.
Wenn Sie auf der Suche nach wahrem Erfolg, wahrer Liebe und wahrem Reichtum sind, werden Sie langfristig nicht an der Suche nach sich selbst vorbeikommen.

Sicherlich: Sie können auch ohne inneren Frieden viel erreichen.
Doch Ihr Verlangen nach mehr wird dann immer lebendig bleiben.
Sie werden ständig auf der Suche nach etwas Neuem sein.
Sie werden nie echte Befriedigung finden.
Wenn Sie sich wirklichen Erfolg ersehnen, werden Sie langfristig an diesem Kapitel nicht vorbeikommen. Hier behandeln wir nämlich die dafür entscheidenden Punkte.

Der eine oder andere kann sich vielleicht noch nicht ganz vorstellen, wie das funktionieren soll. Erstens seinen inneren Frieden überhaupt zu finden, und zweitens, wie ihm die Liste dabei helfen kann.
Sie werden aber in diesem Kapitel erkennen, dass es einen realistischen Weg gibt.
Immerhin ist der innere Friede auch nur ein Ziel, das man erreichen will und erreichen kann.

Lassen Sie uns nun über die wichtigsten Dinge auf der Suche nach sich selbst sprechen. Beginnen wir mit unserem Verhältnis zur Zeit.

Die Wertschätzung der Zeit

Ich will Ihnen gleich zu Beginn dieses Kapitels eine Geschichte erzählen.

Die Zeit und das Glück
Es war einmal ein weiser Mann. Der war sehr begehrt, und jeder wollte ein Stück von seiner Weisheit erhaschen.
Bekannt waren vor allem seine Weisheiten zum Thema Zeit.
Also hatte er immer viel Besuch und versuchte so viel Weisheit wie möglich weiterzugeben.
Eines Tages kam eine große Pilgergruppe bei ihm vorbei und wollte von ihm lernen.
Der weise Mann hatte allerdings schon einen anderen Termin zugesagt und sollte nun seine Gäste in kürzester Zeit mit seinen Weisheiten zum Thema Zeit bekannt machen.

Er sah in die Runde und zeigte den Pilgern ein grobes Sieb.
Dann nahm er ein Glas Wasser und schüttete es hinein. Das Wasser rann hindurch und plätscherte auf den Boden.
Danach nahm er Sand und ließ ihn ebenfalls in das Sieb fallen. Auch der Sand fiel durch und landete letztendlich auf dem Boden.
Noch sagte der weise Mann nichts, und die Pilger beobachteten aufmerksam sein Tun.
Nachdem auch kleine Kieselsteine durch das grobe Sieb fielen, legte er schließlich normale Steine hinein, die nicht mehr durch die Löcher passten.
Nun fragte er in die Runde, was dies bedeuten könne, was dies mit der Zeit und dem Glück zu tun habe.
Die Pilger schwiegen und sahen den Weisen fragend an.

Der weise Mann fuhr fort und erklärte das Schauspiel.
Er sagte: „Die Menschen tun tausende Dinge. Dinge, die im Leben kommen und gehen. Dinge, die das Leben nur mit kurzem Glück erfüllen, weil sie wieder verschwinden.
So ist es mit dem Wasser, dem Sand und den Kieselsteinen. Sie fallen durch das Sieb, also durch euer Leben, und verschwinden.
Sie sind nicht wichtig für euer Glück.
Wenn ihr euch immer nur Zeit für diese Dinge nehmt, wird euer Glück immer an euch vorbeiziehen, so wie Sand durch das Sieb fällt.
Es gibt aber ein paar Dinge im Leben, die immer bei euch bleiben, die nicht durch das Sieb gleiten, genauso wie die Steine.
Dinge, die das ganze Leben lang bei euch bleiben, wie eure Gesundheit, eure innere Einstellung oder eure Familie.
Wenn ihr die Steine in dem Sieb liegen lasst und nicht beachtet, werden sie irgendwann dreckig, unschön oder kaputt. Dieser Dreck beeinflusst dann auch das Wasser, den Sand und die Kieselsteine.
Sie ziehen immer ein wenig Dreck mit und verlieren somit den Glanz und ihre Schönheit.
So ist es auch im Leben. Wenn eure Gesundheit, eure Familie oder eure Lebenshaltung kaputt sind, könnt ihr auch die anderen Dinge nicht mehr genießen, die nur kurz da sind. Sie werden immer behaftet sein mit dem Dreck der kaputten Steine. Diese Dinge sind dann nicht mehr klar und rein."

Ein Pilger sagte: „Die Verbindung zwischen der Zeit und dem Glück besteht also aus der richtigen Wertschätzung?"
Der weise Mann stand auf sagte: „Das hast du gut erkannt. Ihr braucht mich nun nicht mehr." Und er kam pünktlich bei seinem nächsten Termin an.

Unsere Zeit ist unglaublich schnelllebig.
Natürlich passt sich unser Denken dem schnellen Fortschritt an, doch leider ist dies in mancher Hinsicht fatal für unser Leben und unser Sein.
Die Menschen sind auf der Suche nach allem Möglichen, doch das Allerwichtigste dabei ist, dass es schnell geht. Der schnelle Reichtum, schnell den Traumpartner finden, schnell Karriere machen ... schnell ... schnell ... schnell ...
Jeder will etwas sein, aber die wenigsten wollen etwas werden.
Die Folgen sind Arbeitslosigkeit, Frustration, ständige Partnerwechsel und ähnliche Erscheinungen, die man bei uns heutzutage allenthalben beobachten kann.
Leider ist es so, dass die guten und für ein glückliches und ausgeglichenes Leben fundamentalen Dinge nicht einfach so auf die Schnelle vorbeikommen. Wenn das so wäre, würden Bücher wie dieses auch gar nicht geschrieben.
So wie Sie als Kind Zeit hatten, zu wachsen und sich zu entwickeln, benötigt es auch Zeit, sich selbst zu finden.
Sie können nicht erwarten, dass Sie ein Wochenendseminar besuchen, und schon sind Sie – in null Komma nichts – erfolgreich, locker oder glücklich.
Tut mir leid, aber das ist die Wahrheit: Genauso, wie Sie Zeit in Ihre Ausbildung, in Ihr Studium oder Ihren Partner gesteckt haben, werden Sie auch Zeit dafür brauchen, um bei sich selbst anzukommen.

Zeit ist das wirklich wichtigste Gut auf Erden.
Sie müssen sie also richtig nutzen. Die Frage ist also: Was tun Sie damit?
Setzen Sie sich lieber vor den Fernseher, oder denken Sie eine Stunde über sich nach?

Spielen Sie lieber am Computer oder bilden sich emotional weiter? Die Zeit vergeht so oder so.
Die meisten Menschen haben genug Zeit. Zeit zum Rauchen, Fernsehen, Computerspielen und dergleichen. Was die meisten jedoch vergessen, ist die Zeit für sich selbst.

Ist Ihnen schon einmal aufgefallen, dass viele Menschen im hohen Alter auf einmal Weisheit erlangen und mit sich selbst Frieden schließen?
Woran liegt das?
Ganz einfach: an Zeit und Erkenntnis.
Sie hatten entweder ihr ganzes Leben lang genug Zeit, sich selbst langsam kennenzulernen, oder sie haben sich diese Zeit nach dem Eintritt ins Rentenalter endlich genommen.
Aus dieser Zeit für sich selbst ist Erkenntnis entsprungen, die sie weise gemacht hat. Ganz einfach.

Sie können sich also entscheiden: Wollen Sie wie die Masse der Menschen erst im hohen Alter diese Erkenntnis und Weisheit erlangen? Oder wollen Sie vielleicht schneller bei sich ankommen und schon jetzt diese innere Befriedigung genießen?
Das Paradoxe dabei ist, dass Sie durch Zeit und Geduld schneller ans Ziel gelangen. Wenn Sie sich also Zeit lassen, werden Sie schneller ankommen. Lustig, nicht wahr?

Bevor wir wieder zur Liste zurückkommen, noch eine kleine Geschichte für Sie.

Die Zeit und der Erfolg
Es war einmal ein junger Mann, der ein großer Unternehmer werden wollte.

Seine Familie war sehr arm. So nahm er sich vor, dass er schnell erfolgreich werden wolle, um bald auch seine Familie gut versorgen zu können.

Er suchte einen in seiner Stadt sehr bekannten Unternehmer auf und fragte ihn, ob er ihm schnell beibringen könne, wie man ein Top-Unternehmer wird.
Der Unternehmer antwortete: „Ja, das kann ich. Allerdings dauert es zehn Jahre."
Der junge Mann sagte, das sei ihm zu lange, und erklärte die Situation seiner Familie. Er fragte: „Was wäre, wenn ich Tag und Nacht hart arbeiten würde und alles täte, was Sie sagen? Wie lange benötigte ich dann, um ein erfolgreicher Unternehmer zu sein?"
Der Unternehmer sagte: „Dann brauchst du 20 Jahre."
Der junge Mann sah ihn erstaunt und fragend an.
Der Unternehmer sprach weiter: „Wenn du mit einem solchen Druck und einer solchen Eile den Erfolg erzwingen willst, wirst du sehr lange brauchen, um ein erfolgreicher Unternehmer zu werden."
Der junge Mann begann zu verstehen und fragte, was er nun tun solle.

Zwei Jahre lang ließ ihn der Unternehmer in seiner Firma alles in Ruhe betrachten und beobachten. Der junge Mann bekam Einblick in alle Bereiche, die wichtig sind, um ein Unternehmen aufzubauen.
Der junge Mann war begeistert von den Abläufen und lernte jeden Tag, ohne es selbst so recht zu bemerken.
Nach drei Jahren hatte er noch keinen Finger gerührt, um sein eigenes Unternehmen zu gründen.

Doch nach fünf Jahren war der junge Mann der erfolgreichste Unternehmer in seiner Stadt und konnte seiner Familie ein neues, mit Reichtum gesegnetes Leben schenken.

Das Wichtigste in diesem Teil des Buches ist es, zu verstehen, dass die Zeit so oder so vergeht. Und Sie haben viel und genug Zeit – aber nur dann, wenn sie richtig genutzt wird.
Sie müssen sich in Ihrem Umfeld umsehen – dann werden Sie sicher erkennen, dass die Menschen, die glücklich und erfolgreich sind, immer Zeit für die wichtigen Dinge haben.
Machen Sie es sich zur Gewohnheit, für die wichtigen Dinge im Leben immer Zeit zu haben.

Auch hier ist es nötig, diese Zeit in die Liste einzutragen.
Vielleicht gibt es Dinge in Ihrem Leben, die Sie schon immer tun wollten, aber Sie fanden nie Zeit dafür. Vielleicht wollen Sie seit Jahren jemanden treffen, doch auch hier hat der Terminkalender Ihnen einen Streich gespielt.
Denken Sie ein wenig darüber nach, was Sie in Ihrem Leben aus Zeitmangel schon lange vor sich herschieben, und notieren Sie auch diese Dinge auf Ihrer Liste.

Unterschätzen Sie auf keinen Fall die Zeit, denn sie kann der stärkste Verbündete oder der größte Feind Ihres Lebens sein – beides liegt in Ihrer Hand. Machen Sie also die Zeit zu Ihrem besten Freund!

Süchte

Sicher fragen Sie sich, was Süchte mit der Selbstfindung zu tun haben.
Ich antworte Ihnen: Sie sind das Hauptthema, wenn Sie eine Chance im Kampf um sich selbst haben wollen.

Wir werden hier, wie schon früher in diesem Buch erwähnt, über die üblichen Gesellschaftsdrogen wie Alkohol, Zigaretten und Koffein sprechen.
Viel gefährlicher allerdings sind die versteckten Süchte, die Sie vielleicht noch nicht einmal als Sucht erkannt haben.
Viele kleine Süchte versuchen, Sie auf Ihrem Weg zu sich selbst aufzuhalten. In diesem Kapitel nennen wir sie beim Namen und lernen die Folgen verstehen, die das Wirken dieser kleinen Räuber hat.

Beginnen wir mit der frechsten und in unserer Gesellschaft positiv anerkannten Sucht.

Die Aktivität

*Es kamen einmal ein paar Suchende zu einem alten Zen-Meister.
„Herr", fragten sie, „was tust du, um glücklich und zufrieden zu sein? Wir wären auch gern so glücklich wie du."
Der Alte antwortete mit mildem Lächeln: „Wenn ich liege, dann liege ich. Wenn ich aufstehe, dann stehe ich auf. Wenn ich gehe, dann gehe ich, und wenn ich esse, dann esse ich."
Die Frager schauten etwas betreten in die Runde.
Einer platzte heraus: „Bitte, treibe keinen Spott mit uns. Was du sagst, tun wir auch. Wir schlafen, essen und gehen. Aber wir sind nicht glücklich. Was ist also dein Geheimnis?"*

Es kam die gleiche Antwort: "Wenn ich liege, dann liege ich. Wenn ich aufstehe, dann stehe ich auf. Wenn ich gehe, dann gehe ich, und wenn ich esse, dann esse ich."

Die Unruhe und den Unmut der Suchenden spürend, fügte der Meister nach einer Weile hinzu: "Sicher liegt auch ihr, und ihr geht auch und ihr esst. Aber während ihr liegt, denkt ihr schon ans Aufstehen. Während ihr aufsteht, überlegt ihr, wohin ihr gehen werdet, und während ihr geht, fragt ihr euch, was ihr essen werdet. So sind eure Gedanken ständig woanders und nicht da, wo ihr gerade seid. In dem Schnittpunkt zwischen Vergangenheit und Zukunft findet das eigentliche Leben statt. Lasst euch auf diesen nicht messbaren Augenblick ganz ein, und ihr habt die Chance, wirklich glücklich und zufrieden zu sein."

Eine wunderbare Zen-Geschichte (Verfasser unbekannt)

Aktivität?

Kennen Sie die Sprüche "Wow, ist der aktiv" oder "Der ist immer unterwegs", oder: "Wer rastet, der rostet"?

Ich will von Anfang an klarstellen, dass Aktivität im Grunde wirklich positiv ist und dass derjenige, der nichts tut, körperlich, geistig und seelisch tatsächlich immer schwächer wird.

Aber darum geht es nicht. Wie schon gesagt, sind wir beim Thema Süchte. Und wenn wir uns manche von den ganz besonders "aktiven" Zeitgenossen ansehen, werden wir schnell begreifen, dass Aktivität eine der schlimmsten geistigen Süchte der Gegenwart ist.

Vielleicht gehören auch Sie zu der Sorte Mensch, die das Gefühl hat, ständig irgendetwas tun zu müssen?

Die meisten werden sagen: "Ich habe da kein Problem, ich setz mich auf die Couch und sehe mir entspannt einen Film an oder lese

ein Buch" – denn das betrachten sie als Nichtstun. Aber genau darauf will ich hinaus: Wann saßen Sie das letzte Mal wirklich einfach nur da und taten nichts? Ich meine: gar nichts?
Wahrscheinlich meldet sich allein beim Gedanken daran, zwei Stunden einfach nur dazusitzen und nichts zu tun, Ihre innere Stimme zu Wort und sagt: Das ist doch sinnlos und langweilig! Wieso soll ich denn dasitzen und gar nichts tun? Eine reine Zeitverschwendung!
Ja, mit diesem Gedanken Freundschaft zu schließen, ist sehr schwer, nicht wahr?
Also sind auch Sie süchtig nach Aktivität.
Wahrscheinlich können Sie sich gar nicht mehr an das unglaublich befriedigende und heilsame Gefühl des Nichtstuns erinnern.
Derweil waren Sie darin schon einmal Profi.
Als Baby, wenn Sie nicht gerade in die Hose gemacht haben, Hunger hatten oder schliefen, lagen Sie stundenlang einfach nur da, taten nichts und fühlten sich wohl.
Sie lagen da und genossen das Jetzt, dachten gar nicht an das, was vielleicht alles auf Sie zukommt, Sie waren ganz rein, strahlten in vollster Schönheit des Lebens und konnten deswegen völlig frei von jeder Last dem Nichtstun frönen.

Jetzt als Erwachsener glauben Sie, dass Sie ständig etwas tun müssten. Durch dieses ständige Tun nehmen Sie sich aber jede Möglichkeit der Selbsterkenntnis, und Sie werden deswegen immer irgendwie fühlen, dass etwas fehlt.
Wollen Sie Ihr Leben lang das Gefühl mit sich herumtragen, dass da eigentlich noch mehr sein müsste? Wahrscheinlich nicht.

Deswegen sehen wir uns einfach mal an, warum das so ist. Warum müssen wir ständig etwas tun?

Es ist Angst. Die Angst davor, vielleicht zu erkennen, dass die Aufgabe, die wir erfüllen, uns nicht erfüllt. Die Angst, dass unser jahrelanger Partner vielleicht nicht der richtige ist. Die Angst, zuzugeben, dass wir unsere Träume aufgegeben haben, oder, noch schlimmer: die Angst, sie wiederzusehen.
Ja, lieber Leser, es ist die Angst, die uns ständig aktiv sein lässt. Und das ist verständlich.
Alles, was neu ist, macht dem Menschen erst einmal Angst, und wenn Sie beginnen, sich selbst kennenzulernen, wird unglaublich viel Neues auf Sie zukommen.
Sie müssen sich also entscheiden, ob Sie bereit sind, sich darauf einzulassen. Ob Sie den Mut aufbringen, in Ihr Inneres vorzustoßen und Bekanntschaft mit Ihrem wirklichen Ich zu machen.
Das Thema Mut wird später in diesem Buch auch noch einmal behandelt, doch jetzt erst einmal zur Liste.

Planen Sie Zeit ein für sich selbst. Nehmen Sie sich beispielsweise 250 Einheiten à 30 Minuten vor, einfach nur um dazusitzen und jeden Gedanken, der kommt, einfach wegzuschieben. Das nennt man dann Meditation.
Manche schmunzeln heute, wenn sie das Wort Meditation hören. Aber genau derartige Techniken sind in unserer reizüberfluteten Welt unglaublich wichtig. Sie haben wahrscheinlich fast keine ruhige Minute mehr – umso wichtiger ist es, sich ab und zu eine zu nehmen.
Es gibt viele Möglichkeiten, um seine Aktivität zu bändigen. Suchen Sie Ihren Weg und tun Sie's!

Betrachten Sie Ihr Aktivitätsleben und füllen Sie nun Ihre Liste mit Ruhe- und Entspannungsphasen.

Anerkennung

Kommen wir zum nächsten Gegner der Selbstfindung. Ja, Sie lesen richtig: die Anerkennung.

Sie werden jetzt denken: Anerkennung ist doch wundervoll! Es ist schön, jemandem Anerkennung zu spenden, und natürlich auch, Anerkennung zu bekommen.

Auch hier dürfen Sie mich nicht falsch verstehen. Ich bin ein absoluter Freund und Verfechter der Anerkennung. Ich bin der Meinung, dass Anerkennung Menschen verbindet, Partnerschaften zusammenhält, dass ihre Kraft eine der größten positiven Mächte dieser Erde ist.

In diesem Kapitel geht es allerdings um etwas anderes, nämlich um den Drang – ja die Sucht – nach Anerkennung und wie man dieses Übel erkennt und bekämpft.

Wir leben in einer sehr kritischen Gesellschaft.

Jede Kleinigkeit, die auf dieser Welt passiert, wird groß und breit in den Medien ausdiskutiert und kritisiert. Sie wissen ja selbst, dass diese Medienkritik ansteckend ist und wir in einer Schwätzer- und Hast-du-schon-gehört-Gesellschaft leben.

Schon als Kinder zeigt man uns die Fehler in unseren Schularbeiten, wir bekommen gesagt, was wir falsch gemacht haben und besser machen sollen.

Später ändert sich daran nicht viel.

Die wenigsten Chefs sind in Sachen Personalführung so gut ausgebildet, dass sie erkennen, wie wichtig wahre Anerkennung für ihre Mitarbeiter ist. Laut einigen Studien ist diese Anerkennung für die meisten Menschen nämlich wichtiger als die Höhe ihres Einkommens.

Trotzdem kommen nur wenige auf den eigentlich nahe liegenden Gedanken, es ihrem Mitmenschen zu sagen, wenn er etwas gut gemacht hat.
Natürlich hat auch so jeder schon einmal Anerkennung bekommen und kennt dieses wohltuende, wundervolle Gefühl, wenn jemand einem ein positives Feedback gibt.
Und damit sind wir jetzt beim entscheidenden Punkt angelangt.
Die allgemeine Unterdosierung der Anerkennung bringt die Menschen dazu, die verrücktesten Dinge zu tun, nur um einmal von den anderen Lob oder Beifall zu erhalten.
Jeder von Ihnen, der eine mehr, der andere weniger, tut vieles nur deswegen, um anderen zu gefallen oder von ihnen anerkannt zu werden. Manchmal bemerken Sie gar nicht, dass Sie das tun.
Das kann im Extremfall krankhafte Formen annehmen. Es gibt Menschen, die die abenteuerlichsten Lügengeschichten erfinden, nur um vor den anderen gut dazustehen. Und manchmal glauben sie sogar noch selbst an ihr so zurechtgezimmertes Bild vom eigenen Ich.

Wie bei allem, so ist auch bei der Anerkennung die richtige Dosierung entscheidend.
Ein Mensch, der nie oder nur selten Anerkennung erhält, wird zwangsläufig mit seinem Selbstwertgefühl zu kämpfen haben.
Es kann aber auch zum Problem werden, wenn ein Mensch zu viel Anerkennung erhält. Dann läuft er Gefahr, sich selbst zu überschätzen und langfristig böse zu fallen.
Die Frage ist: Wie machen wir es besser?
Wir können natürlich nicht die ganze Nation von heute auf morgen dazu bewegen, Anerkennung im richtigen Maße zu verbreiten.
Sie werden mir zustimmen, dass dies ein utopisches Unterfangen wäre.

Das Gute ist aber: Sie als Einzelperson können viel einfacher aus dieser Sucht, aus dieser Gefahr entkommen.

Dazu möchte ich Ihnen eine kleine Geschichte von Arthur Lassen an die Hand geben.

Der Mensch im Spiegel
Wenn du erreicht hast, was du wolltest, dir jeder anerkennend Lob und Beifall zollt und die Welt dich für einen Tag zum Gewinner macht, dann stelle dich vor einen Spiegel, schau hinein und höre, was der Mensch im Spiegel dir zu sagen hat.
Es ist weder dein Vater noch deine Mutter, weder deine Frau noch dein Mann oder Partner, es sind auch nicht deine Freunde, vor deren Urteil du bestehen musst. Der einzige Mensch, dessen Meinung für dich zählt, ist der, der dich aus dem Spiegel anschaut.
Viele Menschen halten dich für entschlossen und aufrecht. Sie nennen dich einen wundervollen Mann oder eine fantastische Frau. Doch der Mensch im Spiegel nennt dich schlicht einen Versager, wenn du ihm nicht offen und ehrlich in die Augen sehen kannst.
Auf ihn und nur allein auf ihn kommt es an. Kümmere dich nicht um die anderen, denn nur er ist bis ans Ende deiner Tage stets bei dir. Du hast erst dann die schwierigste aller Prüfungen wirklich bestanden, wenn der Mensch im Spiegel dein bester Freund geworden ist.
Auf deinem ganzen Lebensweg kannst du die Welt betrügen und belügen und dir anerkennend auf die Schulter klopfen lassen, doch dein Lohn werden Kummer, Trauer und Schuldgefühle sein, wenn du den Menschen im Spiegel betrogen, belogen und enttäuscht hast.

(Arthur Lassen)

Was ich Ihnen damit sagen will, ist ganz einfach.
Sie müssen lernen, sich selbst für das, was Sie geleistet haben, Anerkennung zu spenden. Wenn Sie selbst mit sich zufrieden sind, sich mögen und lieben, werden Sie endlich den ständigen Drang nach Anerkennung ablegen können.
Sie müssen also zuerst verstehen, dass auch Sie von dieser Sucht betroffen sind, und dies ehrlich zugeben.
Dann können Sie den Entschluss fassen, ab sofort nur noch Dinge zu tun, die Sie persönlich befriedigen, bei denen Sie sich am Abend vor den Spiegel stellen können und fröhlich sagen: Wahnsinn, hast du heute Gutes geleistet!
Wenn Sie diesen Punkt erreicht haben, wird es sich gar nicht mehr vermeiden lassen, dass Sie auch viel Anerkennung von Ihren Mitmenschen erhalten!
Das werden Sie immer noch als sehr angenehm empfinden, nur: Abhängig sind Sie davon nicht mehr.
Um es klar und hart auszudrücken: Solange Sie abhängig von der Anerkennung anderer sind, ist Ihre Persönlichkeit schlichtweg noch nicht ausgereift genug, um den Weg zu Ihrer Mitte zu finden.
Also beginnen Sie gleich heute damit, sich selbst Anerkennung zu zollen. Legen Sie die Abhängigkeit von dieser versteckten Sucht ab, um ein neues Leben zu beginnen.

Zur Liste:
Wir werden später beim Thema Visualisierung auf diese Selbstanerkennung und Beeinflussung genauer eingehen.
Planen Sie auch hier, nachdem Sie das Visualisierungskapitel gelesen haben, kleine Anerkennungsschritte in Ihrer Liste mit ein.

Tipp: Informieren Sie sich über NLP (Neurolinguistische Programmierung). Hier werden Sie viel Wissen zu diesem Thema erwerben.

Gifte

Wie schon im Kapitel über Gesundheit angekündigt, werden wir jetzt auch noch auf die anerkannten und versteckten Süchte eingehen.

Ich bin kein Mediziner. Deswegen ist es nicht meine Aufgabe, darüber zu schreiben, was Sie Ihrem Körper antun, wenn Sie Zigaretten, viel Alkohol oder viel Koffein genießen. Es ist schlimm genug, so viel kann man mit Sicherheit sagen. Aber leider ist selbst das nur die Spitze des Eisbergs.

Das Schlimmste an diesen Süchten ist nämlich die geistige Abhängigkeit, das antrainierte Gefühl der Befriedigung, das diese Gifte vermitteln.

Die meisten Menschen denken gar nicht mehr darüber nach, ob das, was sie da zu sich nehmen, schädlich ist oder nicht. Sie konsumieren einfach.

Und sie wissen unglücklicherweise praktisch die gesamte Gesellschaft bei diesen Süchten hinter sich.

Hunderte Zigaretten-, Alkohol- und Koffeinwerbungen kursieren tagtäglich in den Medien.

Diese Gifte, die Ihr natürliches Empfinden, wie oben festgestellt, verabscheuen würde, spielen eine unglaublich wichtige Rolle im Leben der meisten von uns.

Der Raucher weiß, wie wichtig Zigaretten in seinem Leben sind.

Der Kaffeetrinker wird sagen: Ohne Kaffee kann ich mich nicht richtig konzentrieren, oder ich bekomme Kopfweh.

Der Alkoholkonsument sagt: Ich brauche mein Bier am Abend zur Beruhigung. Oder: Ich gehe in die Bar, weil ich mich dann locker fühle.

Ich weiß, dass ich mit diesem Kapitel die Masse der Leser treffe. Aber bitte gerade deswegen: Jetzt auf keinen Fall abschalten!

Leider wollen die meisten Menschen über dieses Thema nicht reden.
Was auch verständlich ist, denn wer redet schon gern über eine Sache, von der jeder eigentlich ganz genau weiß, dass sie ihm schadet, und die er trotzdem tagtäglich tut. Es ist klar und offensichtlich, dass diese Süchte nichts Positives haben – aber wir kommen nicht von ihnen los.
Wir müssten also zugeben, dass wir uns absichtlich schaden – oder einfach nur dumm handeln.

Die angesprochenen Stoffe sind teilweise wichtig für uns. Es kommt nur darauf an, wofür wir sie verwenden.
Benutzen wir zum Beispiel Alkohol zur Desinfektion einer Wunde, vielleicht auch in Form von einem gelegentlichen Glas Rotwein, um uns gesund zu erhalten? Oder brauchen wir ihn unbedingt zur Auflockerung oder Beruhigung unseres Gemüts?

Ich sage Ihnen: Solange Sie dem Gedanken anhängen, Sie brauchten Alkohol, um locker zu sein, Koffein, um Energie zu haben, oder Nikotin, um ruhig zu werden, sind Sie auf dem Holzweg. Solange Sie nicht erkennen, dass Sie in den von Suchtgiften erzeugten Delirien außerstande sind, Ihren wahren Kern kennenzulernen, werden Sie diese Gifte immer weiter konsumieren.
Machen Sie sich deswegen eines klar: Diese Stoffe verschaffen Ihnen einen kurzen Schub von Energie oder Lust. Aber sobald es Ihnen gelingt, länger auf sie zu verzichten, könnten Sie diese Energie oder Lust ständig in sich tragen! Sie sind auf die Dauer viel klarer, lockerer und energetischer, wenn Sie sich auf diesen Verzicht einlassen.
Es gibt ganze Bücher darüber, die aber im Endeffekt wenig bringen. Sie müssen einfach nur in Ihren Gedanken einen starken Pol

des Verstehens herstellen, und Sie werden in Ihrem Bewusstsein jeden Impuls einer Sucht oder eines Giftes wahrnehmen.
Wenn es Ihnen gelungen ist, diese gedankliche Barriere aufzubauen, müssen Sie nur noch handeln und endlich einen anderen, einen besseren Weg einschlagen.

Diese Süchte werden wir später auf einer gesonderten Liste behandeln.
Wie schon vorhin beschrieben, ist Ihre jetzige Liste eine Liste dessen, was Sie tun sollen, aber keine, auf der Sie aufzeichnen, was Sie nicht tun sollen. Also gedulden Sie sich noch ein wenig, und wir werden auch Ihre Süchte mit der Liste behandeln.

Suchtverhalten

Es gibt noch ein paar Süchte mehr. Ja, es gibt hunderte.
Die meisten kämpfen mit einer Handvoll. Unter denen oft zumindest eine oder zwei der drei oben beschriebenen vertreten sind.
Es reicht erst einmal, zu verstehen, dass alle Süchte das gleiche Muster in sich tragen.
Wenn Sie völlig frei von Ihren Süchten werden wollen, müssen Sie sich auch hierfür sicherlich viel Zeit nehmen.
Viele denken, dass es ewig lange dauert, eine Sucht abzulegen. Das stimmt in dieser Form aber nicht ganz.
Was Zeit beansprucht, ist die Erkenntnis, und wie immer ist die Erkenntnis entscheidend dafür, wie lange Sie noch brauchen, um Ihr Ziel zu erreichen. Wenn Sie nämlich erst einmal in der Lage sind, sich selbst ihre Sucht einzugestehen, wird es nicht mehr lange dauern, bis Sie sie abgelegt haben und dadurch ein viel stärkeres Gefühl des Freiseins entwickeln.

Dankbarkeit

Eins ... – jetzt! Zwei ... – jetzt! Drei ... – jetzt!
Was ich da mache?
Ich zähle! Ich zähle die Sekunden, und in jeder Sekunde verhungert irgendwo auf der Welt ein Mensch.
Ist das nicht Wahnsinn?
Im gleichen Moment, in dem Sie sich Sorgen darüber machen, warum Ihr Fernseher nicht richtig funktioniert, ob der Bus wohl pünktlich kommt, oder darüber nachdenken, ob die Bioprodukte besser sind als die normalen, ist gerade wieder jemand an Unterernährung gestorben.
Was ist nur los mit uns?
Wir machen uns ständig Sorgen um Dinge, die sowieso nicht eintreten.
Wir stehen eine Stunde vor dem Schrank und überlegen, was wir anziehen sollen, beziehungsweise machen uns Sorgen, ob es wirklich gut aussieht, während woanders Menschen um ihr Leben kämpfen, schlimme Krankheiten nicht behandelt werden oder die Armut Mord und Totschlag verursacht.

Ich will Sie mit diesen Sätzen nicht herunterziehen oder Sie deprimieren.
Ich will nur, dass Sie erkennen, wie gut Sie es eigentlich haben.
Sie gehören, wenn Sie dieses Buch lesen, wahrscheinlich zu den reichsten fünf Prozent der Weltbevölkerung.
Ein wichtiger Schritt auf dem Weg zu Ihrem inneren Frieden ist die Dankbarkeit.

Sie müssen lernen, wieder jeden Tag von Herzen dankbar zu sein. Dankbar für Ihren gesunden Körper, dankbar für die tägliche

Mahlzeit, dankbar dafür, dass Sie auf dem Weg zur Arbeit keine Angst haben müssen.
Dankbar für Ihr Zuhause, für den Regen und für die Sonne, für alles, was die Natur gedeihen lässt.
Dankbar für die Dinge, die Ihnen so selbstverständlich erscheinen.
Dankbarkeit ist der wohl wichtigste Schlüssel zum Tor Ihrer Mitte.
Erst wenn Sie die Gaben, die Sie Tag für Tag erhalten, den Überfluss, in dem Sie leben, und die lieben Menschen, die Sie um sich haben, nicht mehr als Selbstverständlichkeit ansehen, erst wenn Sie dankbar für all das sind, an das Sie sich schon so sehr gewöhnt haben, werden Sie sich selbst näherkommen.
Es wird ja öfter Dankbarkeit gepredigt, nur können die meisten leider nicht verstehen, warum sie so wichtig ist. Ich will Ihnen dabei helfen, dass es Ihnen klar wird.
Ich bitte Sie, sich kurz ein paar Minuten Zeit zu nehmen und an die tollen Dinge zu denken, die Ihnen Ihr Leben bietet, an die erfreulichen Kleinigkeiten, die Sie jeden Tag erleben dürfen, an die Menschen, die Sie lieben.
Sagen Sie zu jedem einzelnen „Danke".
Wenn Sie das von Herzen tun, werden Sie ein wundervolles Gefühl erleben und verstehen, warum Dankbarkeit so unglaublich wichtig für ein harmonisches und glückliches Leben ist.
Versuchen Sie so lange an der wahren Dankbarkeit zu arbeiten, bis Sie einmal dieses Gefühl erleben. Dann werden Sie zu einer wichtigen Erkenntnis gelangen und immer mehr Dankbarkeit in Ihr Leben lassen.

Manchmal ist es schwer, Dankbarkeit zu empfinden. Wenn beispielsweise Schicksalsschläge Ihr Leben erschüttern.
Bei mir selbst ist so etwas passiert. Mein Vater ist sehr jung gestorben, mit 47. Ich stand vor der Wahl, Jahre zu trauern – oder aber

dankbar zu sein für die schönen Zeiten, die ich mit ihm erlebt hatte. Wenn Sie für etwas dankbar sind, bedeutet es, dass Sie es akzeptieren, und wenn Sie etwas akzeptieren, schließen Sie damit ab.

Ich denke heute noch oft an meinen Vater – allerdings nicht in Trauer, sondern in tiefster Dankbarkeit.

Sie müssen also lernen, auch und gerade für die Dinge dankbar zu sein, die Ihnen das Leben schwerer machen. Nicht bestandene Prüfungen, getrennte Partnerschaften, finanzielle Schwierigkeiten. Auch wenn Sie es im ersten Augenblick nicht so sehen können – all das bringt Sie weiter! Seien Sie dankbar dafür.

Leben Sie in Dankbarkeit, und Ihr spiritueller und auch materieller Reichtum wird sich immer weiter vermehren.

Diese Dankbarkeit wird einen der wichtigsten Punkte auf Ihrer Liste darstellen.

So lustig sich das auch anhören mag: Planen Sie möglichst viele Dankbarkeitsphasen ein. Sie werden Schritt für Schritt mehr Glückseligkeit verspüren, mehr Liebe in Ihr Herz lassen und vor allem offener sein.

Viel Spaß dabei.

Der größte Schatz der Welt

Der größte Schatz der Welt
Es war einmal ein junger Mann, der war auf der Suche nach dem größten Schatz der Welt.
Er wollte unbedingt die Weisheit erlangen und begab sich somit auf eine lange, spannende Reise.
Er sprach mit vielen Menschen, mit großen und kleinen, mit reichen und armen, mit jungen und alten, mit klugen und dummen.
Er sprach mit tausenden Menschen über den größten Schatz der Welt.
Keiner dieser Menschen wusste genau, wie er ihm helfen könnte, manche lachten ihn aus und verspotteten ihn, andere wünschten ihm Glück bei der Suche.
Der Mann bereiste alle Länder dieser Welt, stand auf den höchsten Bergen und tauchte in den tiefsten Gewässern. Er erkundete alles, was er sah, und dachte darüber nach.
40 Jahre reiste er durch Wüsten, Gebirge und Städte.
Heute spricht der Mann über seine Reisen, erzählt von seinen Abenteuern und den vielen Menschen, die ihm begegneten.
Viele junge Männer und Frauen hören ihm aufmerksam zu und warten immer auf ein Wort über den Fund des Schatzes.
Jedes Mal, wenn er gefragt wird, ob er den Schatz wohl gefunden habe, hält er eine Zeit lang inne und sagt:
„Ja, meine Lieben. Ich habe den größten Schatz gefunden, allerdings nicht in den Ländern dieser Welt oder in den Gesprächen mit Menschen. Den Schatz habe ich am Ende meiner Reise gefunden, als ich endlich zur Ruhe kam."
Die Zuhörer fragen dann, wo er denn war.
Der Mann lächelt und sagt: „In mir selbst, meine Lieben, in mir selbst."

Was heißt das für uns?
Der größte Schatz dieser Welt liegt in uns.
Es ist natürlich schön und auch wichtig, spirituell und materiell erfolgreich zu sein. Doch das Fundament all dieser Dinge ist es, die Reife zu erlangen, den größten Schatz dieser Welt in uns zu erkennen.
Ihr Leben wird sich vollständig verändern, wenn Sie den Weg über Ihre Mitte zum Erfolg gehen und sich ausgeglichen und in völliger Reinheit auf den weiteren Lebensweg begeben können.
Wir haben jetzt einen größeren Abstecher hinter uns, in dem es um Ihr Sein ging.

Nun ist es Ihre Aufgabe, auch all Ihre spirituellen Ziele, das Finden Ihrer selbst, über die Liste zu planen.
Sehen Sie beispielsweise, um Ihre Aktivitätssucht zu senken, tägliche Meditationen vor. Kaufen Sie sich ein Buch oder eine CD zu diesem Thema und beginnen Sie, damit zu lernen. Oder tragen Sie regelmäßige Zielvisualisierungen ein, wie es später beschrieben wird. Zum Beispiel 300-mal im Jahr.
Planen Sie die Begehung eines Pilgerpfades oder nehmen Sie sich vor, fünf Seminare zum Thema Liebe, Leben oder Sein zu besuchen.
Listen Sie als Ziel, dieses Jahr 50 Bücher zu lesen, oder nehmen Sie sich 200-mal 30 Minuten Zeit, um nur dazusitzen und nichts zu tun.
Alles, was Sie sich dieses Jahr vorstellen können zu tun – ab auf die Liste!

Wenn Ihre Liste bis ins Detail geplant ist, werden etwa 2000 kleine Ziele darauf stehen, von denen jedes in der Regel etwa zehn Minuten dauert.

Manchmal ist etwas schneller zu erledigen, beispielsweise ein Wort einer Fremdsprache lernen, manchmal dauern sie auch länger, wie beispielsweise ein Fallschirmsprung.
Gewisse Dinge können Ihnen persönlich wichtiger sein als andere. Versuchen Sie, wirklich alle zu finden.
Es wird so sein, dass Ziele hinzukommen, an die Sie nicht gleich gedacht haben.
Wenn dieser Fall eintritt, setzen Sie diese doch einfach nachträglich auf die Liste.

Sie haben nun Ihre Liste erfolgreich abgeschlossen. Sie wissen also jede kleinste Aufgabe für dieses Jahr und können sich ans Werk machen. Bevor Sie allerdings beginnen, werden wir nun auf die Dinge eingehen, die Sie nicht mehr tun wollen.

KAPITEL 4
WAS IST NOCH ZU TUN

Die schwarze Liste

Natürlich kennen Sie die sogenannte schwarze Liste.
Eine Liste, die meistens dafür gebraucht wird, um Leute, die nicht mehr gebraucht werden, irgendwie zu entfernen.
Mafiosi arbeiten nach ihr, oder – etwas harmloser – Casinos, die gewisse Leute nicht mehr sehen wollen.
Auch Sie brauchen eine schwarze Liste!
Diese Liste muss alles beinhalten, was Sie aus Ihrem Leben verbannen wollen.
Beginnen Sie nun, Ihre Gewohnheiten durchzugehen, die Sie nicht gerade toll finden.
Es können kleine Dinge wie etwa das Nasenbohren sein. Vielleicht haben Sie aber auch eine größere negative Gewohnheit, beispielsweise dass Sie jeden Tag vier Stunden fernsehen.
Egal was für eine Verhaltensweise geändert werden soll, notieren Sie diese, um aktiv daran arbeiten zu können.
Auch Menschen, die Ihnen nicht guttun, müssen Sie aus Ihrem Gesichtskreis entfernen. Sie können nicht ständig mit Leuten umgehen, die Sie emotional ungünstig beeinflussen.
Ein Pessimist etwa steckt Sie langsam, aber sicher an. Je länger Sie mit ihm Seite an Seite leben, desto mehr wird sich Ihr Lebensgefühl zum Negativen hin verändern.
Also bringen Sie den Mut auf und brechen Sie den einen oder anderen Kontakt ab.
Vervollständigen Sie diese Liste mit allem, was aus Ihrem Leben verschwinden soll.
Das erfordert am meisten Kraft und Mut. Bei einer „Weg von etwas"-Motivation wird immer mehr Kraft benötigt, es ist stets der viel schwerere Gang.

Doch verzichten können Sie auf diese schwarze Liste auf keinen Fall. Erst wenn Sie alles aus Ihrem Leben verbannen, was Unzufriedenheit in Ihnen aufkommen lässt, können Sie ein ausgeglichenes und gelassenes Leben führen.

Sie könnten zum Beispiel 150 fernsehfreie Tage auf Ihre Liste packen, 300 alkoholfreie Tage oder 200 kaffeefreie Tage. Auch hier dürfen Sie nichts überstürzen. Wir werden später noch auf Kontinuität und Extreme eingehen. Jetzt geht es aber darum, dass Sie einen Anfang machen.

Beginnen Sie gleich damit, Ihre schwarze Liste zu schreiben!
Wir kommen dann zum nächsten Thema: der Visualisierung.

Visualisieren

Fantasie

Was hat der Mensch alles geschafft
Woher nur diese ganze Kraft

Städte hat er aufgebaut
Vom Mond auf uns herabgeschaut

Millionen Bücher sind geschrieben
Filme, die wir alle lieben

Häuser, Autos, Telefone
Es gibt schon fast die ersten Klone

Kriege und Naturgewalten
Ließen ihn noch mehr gestalten

Egal was kommt, er gibt nie auf
Und setzt noch immer einen drauf

Wie nennt man diese Energie
Ach ja, es ist die Fantasie

Das Visualisieren ist ein Teil der Arbeit mit der Liste.
Am besten, Sie schreiben die Visualisierung circa 500-mal als Ziel auf Ihre Liste. Die stärkste Unterstützung Ihrer Liste ist Ihr visuelles Denken.

Wenn Sie das, was auf Ihrer Liste steht, bildlich vor sich haben, als hätten Sie es bereits erreicht, werden Sie sich erheblich leichter tun, daran zu arbeiten.

Zum Beispiel wenn Sie sich schon in Ihrem neuen Auto sitzen oder in einem Land umherreisen sehen, dessen Sprache Sie nun beherrschen, wenn Ihr Traumkörper vor Ihren Augen schon Realität geworden ist: Dann wird Ihr Unterbewusstsein Ihnen helfen, dies zu verwirklichen.

Ich will nicht seitenlang auf dieses Thema eingehen. Darüber wurden schon hunderte Bücher geschrieben, die den Vorgang genau erklären.

Es gibt in diesem Zusammenhang nur eine Sache, die mir am Herzen liegt.

Ich weiß, dass sich die meisten Menschen schwer damit tun, zu visualisieren.

Für alle, auf die das zutrifft, hier ein Tipp: Sie haben wahrscheinlich schon von der Wirkung einer Collage gehört. In Verbindung mit den geeigneten selbstbeeinflussenden Worten ist eine Collage die stärkste Visualisierungswaffe, und Sie können jederzeit auf sie zugreifen.

Wenn Sie bisher noch keine Collage gemacht haben, beginnen Sie jetzt und machen Ihre erste.

Doch passen Sie genau auf, was Sie auf die Collage kleben, und überlegen Sie sich gut, ob Sie diese Dinge wirklich wollen. Denn die Collage verändert bei regelmäßiger Nutzung Ihr Unterbewusstsein – und damit Ihr Leben!

Ich persönlich hatte bei meinen ersten Collagen das Glück, die für mich richtigen Bilder zu benutzen. Denn alle, wirklich alle, sind Realität geworden – manche sogar detailgetreu.

Spielen Sie also nicht mit Ihrem Unterbewusstsein, denn dann haben Sie keine Chance.

Die Visualisierung ist ein wichtiger Bestandteil Ihrer Strategie und in Verbindung mit der Liste ein sicherer Weg zu Ihrem Erfolg.

Und würde die Welt vollkommen zerstört werden, die Fantasie eines einzigen Menschen könnte sie wieder komplett erbauen.

Hier ein Beispiel für einen Visualisierungstext.
Denken Sie immer daran, dass diese Texte am effektivsten in Verbindung mit Ihrer Collage für Sie arbeiten:

Ich habe ein langes und gesundes Leben.
Ich habe ein unbändiges Selbstvertrauen und rede gern mit Menschen.
Ich bin zu 100 Prozent ich selbst.
Ich bin authentisch.
Ich bin unglaublich selbstbewusst.
Ich habe eine ruhige, ausgeglichene Atmung und bin immer völlig entspannt.
Mein Atem ist tief und rein.
Ich bin in meiner Mitte und immer völlig gelassen. Ich sehe super aus, mag, liebe mich selbst und habe eine wahnsinnig positive und einnehmende Ausstrahlung.
Ich habe einen schönen, durchtrainierten Körper.
Ich bin voller Energie und Power.
Ich bin stark.
Ich liebe die Menschen, und die Menschen lieben mich.
Ich bin innerlich ruhig, und das strahle ich auch aus.
Ich bin sehr glücklich.
Ich bin humorvoll, lustig und immer gut drauf.
Ich bin finanziell unabhängig und habe immer viel Geld.
Das Geld sucht mich, ich ziehe es magnetisch an.

Mein Körper, mein Geist und meine Seele sind im perfekten Einklang. Deshalb habe ich meinen inneren Frieden gefunden und freue mich des Lebens.
Ich bin erfolgreich und erreiche alle meine Ziele.
Ich vermeide jegliche Art von Giften und bin frei von Süchten.
Ich schlafe regelmäßig und bin ein Frühaufsteher.
Ich ernähre mich gut und gesund.
Ich bin ein offener und ehrlicher Mensch, der nichts zu verbergen hat und sich für nichts schämt.
Ich stehe zu mir und zu dem, was ich tue.
Ich lebe immer im Jetzt.
Ich glaube an mich, an Gott und an die Gerechtigkeit. Das gibt mir immer wieder neuen Mut.
Ich habe eine aufrechte Haltung.
Mit meiner Begeisterung werde ich etwas Weltveränderndes schaffen, etwas, das mit Liebe, Glauben und Glück für alle zu tun hat.
Ich bin stark.
Ich bin für das alles sehr dankbar und freue mich über jede Sekunde des Lebens.

Ein Beispiel, das sehr auf den Charakter und die Persönlichkeit baut. Dazu noch die passende Collage, und der Weg zu all diesen Dingen ist geebnet.
Wichtig ist: Egal ob es bei Ihrer Visualisierung um Materielles, Geistiges oder um beides gleichermaßen geht, benutzen Sie immer eine positive „Ich bin schon"-Formulierung.
Ihr Unterbewusstsein wird es dann leichter haben, Ihnen zu helfen.
Vergessen Sie aber nicht: Eines müssen Sie immer noch selber tun – handeln!

Handeln

Wie schon erwähnt, sollten Sie die Liste vor allem in der Anfangszeit jeden Tag zur Hand nehmen und daran arbeiten.
Irgendwann wird sie Ihnen in Fleisch und Blut übergehen.

Oft nimmt man sich sehr viel vor, doch im Endeffekt ändert man damit nichts.
Sie haben hier den wohl einfachsten Weg zum Erreichen Ihrer Ziele an die Hand bekommen. Sie können sich mit der Liste alle Dinge dieser Welt aneignen oder sich Laster abgewöhnen.
Aber mal ehrlich, wie oft haben Sie schon gedacht: „Endlich ist es da!", „Jetzt werde ich erfolgreich!" oder „Das ist die Lösung!"
Auch hier gilt: Ohne Fleiß kein Preis.
Sie kommen nicht drum herum – Sie müssen handeln.

Ihr ganzer Erfolg auf materieller oder geistiger Ebene und auch ob Sie Ihren inneren Frieden finden, hängt von Ihrem Handeln ab.
Die Liste kann Ihr Leben verändern. Nur müssen Sie diese ach so simple und sichere Technik für Ihren Erfolg auch wirklich nutzen.

KAPITEL 5
SIEBEN SCHRITTE FÜR EINE ERFOLGREICHE LISTE

Wie schon in der Einleitung versprochen, hat Ihnen dieses Buch nicht nur das WAS, sondern auch das WIE gezeigt.

Um das Ganze abzurunden, gebe ich Ihnen nun sieben Schritte an die Hand, um mit Ihrer Liste sicher beginnen und sie vor allem auch abschließen zu können.

Nehmen Sie diese sieben Schritte als Leitfaden für Ihre Liste.

Allerdings nur als Leitfaden, denn es soll Ihre Liste sein. Sie muss IHNEN gefallen und SIE motivieren. Wenn Sie also eigene Inspirationen haben, bauen Sie sie mit ein.

Los geht's!

1. Die Hauptliste

Sie haben in diesem Buch erfahren, dass Sie Ihre Liste immer nur auf ein Jahr planen sollen.
Natürlich wissen Sie, dass manche Ziele einfach nicht in einem Jahr zu erreichen sind.
Das ist der Grund, warum Sie eine Hauptliste benötigen.
Legen Sie also zuallererst eine Hauptliste an. Eine Liste aller Ihrer Ziele, die Sie haben. Da kann es um einen Studienabschluss gehen, um ein Haus, einen Sportwagen, um Kinder, darum, die ganze Welt zu bereisen, oder um einen Bungeesprung.
Auf dieser Liste notieren Sie also alles, was Sie sich kurz-, mittel- und langfristig vorgenommen haben.
Diese Liste sollten Sie nicht wie die Jahresliste handschriftlich schreiben. Speichern Sie sie besser in Ihrem Computer, da Sie mit ihr nicht jeden Tag arbeiten.
Diese Liste hat den Zweck, Ihre Ziele zu sichern. Die Dinge zu sichern, die Sie unbedingt in Ihrem Leben haben oder machen wollen. Die meisten Menschen machen oder haben Dinge einfach nur deswegen nicht, weil sie sie nicht als Ziel schriftlich niedergelegt haben. Weil sie nur daran gedacht haben, aber der Gedanke immer wieder verschwunden ist.
Wenn Sie diese Dinge auf Papier – und auf Ihrer Festplatte – gesichert haben, wissen Sie, was zu tun ist.

Tipp: Legen Sie Ihre Liste so an, dass Sie immer genug Platz haben, um neue kurzfristige Ziele hinzuzufügen. Oft geschehen im Leben Dinge, die einen sagen lassen: Wow, das will ich auch mal haben oder machen! Genau für diese kleinen Ziele, an die Sie jetzt noch gar nicht denken, ist dieser Planungspunkt wichtig.

Achten Sie darauf, dass die Hauptliste nicht aussieht wie ein normales Schriftstück, das man jeden Tag zu Gesicht bekommt. Benutzen Sie Farben, Zierschriften und alles, was Ihre Kreativität hergibt. Diese Liste muss etwas Besonderes sein. Immerhin ist sie der Hüter Ihrer kommenden Schätze.

Aufgabe: Machen Sie zuerst Ihre Hauptliste. Notieren Sie erst einmal alles, was Sie anstreben.
Wenn Sie Ihre Ziele notiert haben, gestalten Sie Ihre persönliche, schöne und kreative Hauptliste.

2. Die Jahresliste

Gehen wir nun ans Eingemachte.
Besorgen Sie sich ein DIN-A4-Heft und kaufen sich einen Umschlag in einer Farbe, die Ihnen gefällt.
Überlegen Sie sich einen Titel für Ihre Liste und notieren Sie ihn auf der Vorderseite.
Wenn Sie Ihrer Liste einen Namen geben, sind Sie persönlich enger mit ihr verbunden.
Diese Liste soll Ihr Freund werden, immerhin sehen Sie sie jeden Tag. Freunde behandelt man in der Regel mit Respekt und mit Liebe. Und ähnliche Gefühle sollten Sie auch gegenüber Ihrer Liste entwickeln!
Hier ein paar Beispiele für einen Titel: Traumverwirklicher, Lifecoach, König, Meisterwerk. Oder Sie geben ihr tatsächlich einen richtigen Namen.
Wie auch immer Ihre Liste heißen mag: Der Name muss Sie ansprechen.

Aufgabe: Besorgen Sie sich ein DIN-A4-Heft, einen Umschlag, und geben Sie Ihrer Liste einen Namen.

3. Von der Hauptliste zur Jahresliste

Jetzt beginnt der Hauptteil der Arbeit an der Liste.
Sehen Sie sich Ihre Hauptliste an. Welche Ziele aus dieser Liste oder welche Etappen auf dem Weg zu den großen Zielen wollen Sie dieses Jahr bearbeiten und erreichen?
Schreiben Sie sich alles, was Sie im laufenden Jahr schaffen wollen, auf einen Notizzettel. Notieren Sie sich alle Ziele, die Sie gesundheitlich, privat, beruflich, in Ihrer Beziehung oder spirituell erreichen wollen.
Schreiben Sie das Ganze nicht gleich in Ihr Heft. Wenn jemand kreativ sein muss, wird oft gestrichen und verändert. Benutzen Sie also zuerst Zettel und notieren Sie sich dort Ihre Ideen.
Wenn die Ziele, die Sie erreichen wollen, feststehen, zerlegen Sie sie dann, wie in den vorherigen Kapiteln beschrieben, in kleine Teilziele. Lassen Sie sich Zeit und überlegen sich genau, was Sie motiviert und welche Schritte für Sie rentabel sind.
Wenn Sie das getan haben, beginnen Sie Ihre Liste.
Schreiben Sie Ihr Hauptziel oben auf die Seite.
Nun schreiben Sie alle Ihre kleinen Schritte zu dem großen Ziel auf diese und die nächsten Seiten, damit Sie sie später durchstreichen oder abhaken können.

Beispiel:
Hauptziel: Rhetorik und Sprechsicherheit verbessern
Ziel: 200 Fremdwörter lernen

Fremdwort 1
Fremdwort 2
Fremdwort 3
Usw.

Lernkontrolle und Festigung aller Fremdwörter 1
Lernkontrolle und Festigung aller Fremdwörter 2

Ziel: Rhetorik-Trainingsprogramm absolvieren

Rhetorikseminar 1
Rhetorikseminar 2

Und schon haben Sie Ihre ersten knapp über 200 kleinen Ziele, die Sie in kürzester Zeit erreichen können.
So machen Sie es nun mit all Ihren Zielen. Bis alles, was Sie sich für dieses Jahr vorgenommen haben, auf Ihrer Liste eingetragen ist.

Aufgabe: Machen Sie sich nun Ihre wunderschöne motivierende Jahresliste.

4. Die schwarze Liste

Kommen wir nun zu der Liste, mit der wir die Dinge bearbeiten, die Sie loswerden wollen.
Schreiben Sie sich wieder auf einem Schmierzettel alle Dinge auf, die Sie an Ihrer Persönlichkeit, an Ihrem Verhalten oder an Ihrem Umfeld stören.
Notieren Sie wirklich alles.
Vielleicht wollen Sie weniger Gifte wie zum Beispiel Alkohol konsumieren. Möglicherweise wollen Sie den Kontakt zu einem Bekannten, der Sie immer nervt, abbrechen, oder – die sanftere Version – ein klärendes Gespräch mit ihm führen.
Alle Dinge, die Sie belasten, müssen auf diese Liste. Also, schauen Sie in sich hinein und überdenken noch einmal alles, was Sie in Ihrem Leben verändern wollen.

Nun erstellen Sie die schwarze Liste. Benutzen Sie zuerst wieder Ihre Hauptliste, um alle Ziele zu notieren.
Wenn Sie das erledigt haben, können Sie sich überlegen, was alles von diesen „schwarzen" Themen Sie noch in diesem Jahr erledigen wollen. Wenn Sie es wissen, machen Sie das gleiche Spiel, wie ich es unter Punkt 3 für die Jahresliste beschrieben habe.
Planen Sie alles wieder bis ins Detail. Hier müssen Sie Ihrer Kreativität freien Lauf lassen.
Sie könnten, wie schon im oberen Kapitel beschrieben, 200 koffeinfreie Tage einplanen. Oder Sie haben eine Eigenschaft, die Ihnen selbst nicht zusagt, beispielsweise Ihre Wortwahl. Nehmen wir an, Sie benutzen häufig Schimpfwörter oder fluchen oft. Alles, was Sie ändern wollen, müssen Sie auf dieser Liste festhalten.

Aufgabe: Erstellen Sie nun Ihre schwarze Liste.

5. Visualisieren

Nun kommt die schönste Aufgabe. Erstellen Sie sich aufgrund Ihrer Liste eine detailgetreue Collage.

Am besten machen Sie sich eine Präsentation auf Ihrem PC. Suchen Sie im Netz die Bilder, die Ihre Ziele auf der Liste am schönsten illustrieren, und erstellen Sie Ihre persönliche Bildergalerie.

Wenn Sie beispielsweise studieren, suchen Sie nach Diplomen für Ihren Abschluss. Oder Sie fotografieren Ihre beste Note und bauen sie in die Collage ein.

Wenn Sie Geschäftsmann sind und Ihre Mitarbeiterzahl verdoppeln wollen, könnten Sie Ihr Firmenlogo mit einer Gruppe Menschen davor abbilden.

Oder Sie suchen Ihren Traumpartner, dann fahnden Sie im Internet nach Ihrer Traumvorstellung.

Möglicherweise wollen Sie sich gesünder ernähren oder abnehmen. Suchen Sie sich in diesem Fall Bilder von gesunden Mahlzeiten oder von schlanken Personen. Vielleicht wollen Sie die Welt bereisen, dann brauchen Sie Bilder der Länder, die im laufenden Jahr auf der Liste stehen.

Alles, was auf Ihrer Liste steht, müssen Sie visualisieren. Sie brauchen für jedes Ziel in diesem Jahr die dazu passenden Bilder.

Aufgabe: Erstellen Sie Ihre Collage, eine Bildergalerie, die all Ihre Jahresziele sichtbar werden lässt.

6. Unterstreichen Sie Ihre Collage mit den richtigen Worten

Wenn Sie jetzt eine zu Ihrer Liste passende Collage zusammengestellt haben, ist nur noch eines zu tun.
Sie müssen zu jedem Zielbild einen passenden Text formulieren. Einen Text, der Ihnen sagt, dass Ihr Wunsch schon in Erfüllung gegangen ist. So kurbeln Sie Ihr Unterbewusstsein an, und das wird Ihnen helfen, schneller an Ihr Ziel zu gelangen.
Wenn Sie also beispielsweise einen tollen, durchtrainierten Körper haben wollen, könnte es heißen:
„Ich habe einen wunderschönen, ästhetischen Körper. Ich bin schlank und muskulös. Ich achte jeden Tag auf meinen Körper. Ich trainiere regelmäßig, ernähre mich gesund und pflege mich jeden Tag. Ich bin dankbar für meinen tollen Körper."
Zwei Dinge müssen Sie dabei beachten.
Erstens: Formulieren Sie Ihre Texte immer so, als ob der ersehnte Zustand schon eingetreten wäre.
Zweitens: Bedanken Sie sich immer schon im Voraus für alles, was Sie anstreben.

Aufgabe: Erstellen Sie nun tolle und gute Texte für Ihre Collage und Ihre Ziele.

7. Tag für Tag eine Liste

Sie haben nun Ihre Liste fertig. Sie sieht toll aus und ist unheimlich motivierend. Sie müssen also nur noch loslegen.

Das machen Sie am besten mit der Tag-für-Tag-Liste. Notieren Sie sich jeden Morgen auf einem „To-do"-Zettel die Aufgaben aus der Liste, die Sie an diesem Tag erledigen wollen.

Beachten Sie dabei, dass Sie nicht unter- oder übertreiben. Schreiben Sie so viel auf, wie Ihre körperliche und seelische Verfassung und Ihre Zeitsituation es zulassen. Planen Sie jetzt noch fünf Minuten für Ihre Collage ein und beginnen Sie dann an Ihrer Liste zu arbeiten. Tag für Tag.

Aufgabe: Beginnen Sie nun Ihre erste Tagesliste zu schreiben und fangen Sie damit an, Ihre Ziele zu erreichen.

Ich gebe Ihnen mein Wort: Wenn Sie diese sieben Schritte durchführen, werden Sie bereits am ersten Tag mehr für Ihre Ziele tun als je zuvor. Sie werden jeden Tag Fortschritte machen und Ihren großen Zielen bewusst näher kommen. Wenn Sie das kontinuierlich beibehalten, wird eine Synergie zwischen Ihnen und der Liste entstehen. Ihre Liste wird Sie brennen lassen und tagtäglich aufs Neue motivieren.

Viel Spaß dabei!

KAPITEL 6
DER LETZTE SCHRITT

Sie haben jetzt Ihre Liste fertig und sind bereit zu starten.
Sie können sich nun mit den einfachsten Mitteln den Weg zu Ihrem Erfolg und vor allem zu Ihrem inneren Frieden ebnen.
Natürlich kann ich Sie nicht zum Jagen tragen, doch die erfolgreichsten Menschen haben alle eines gemeinsam: Sie haben einen Berater, einen Coach oder einen Manager.
Was wäre ein Fußballverein ohne einen Trainer, eine Schulklasse ohne einen Lehrer oder ein Künstler ohne einen Manager?
Dieses Buch soll Ihnen ein kleiner Ersatz dafür sein.
Ich sage Ihnen auch ehrlich, dass ein Buch den Coach nicht ersetzen kann.
Doch wenn Sie in der Lage sind, selbstständig an sich zu arbeiten, wird Ihnen diese Anleitung vom ersten Schritt bis zum Ende zur Seite stehen.
Bevor wir dieses Buch beenden, werden wir noch ein paar wichtige Themen behandeln, die für Ihren Erfolg mitentscheidend sind.
Kommen Sie nun zum Schlussspurt, um dann mit Ihrer persönlichen Erfolgsgeschichte beginnen zu können!

Einsicht

In jedem Bereich unseres Lebens ist Vorbereitung das Allerwichtigste. Sie entscheidet wesentlich darüber, ob Sie eine Sache erfolgreich abschließen oder nicht.
Denken Sie doch nur mal an eine Hochzeit.
Monatelange Vorbereitung für ein paar Stunden gelungener Freude.
Oder nehmen wir einen 100-Meter-Sprinter: Monate-, sogar jahrelang bereitet er sich vor für den einen großen Moment, der im besten Fall 9,65 Sekunden dauert.
Sie haben ein Kind? 18 Jahre Vorbereitung werden benötigt, damit es ein gutes, positives Leben führen kann.
Egal, was für ein Beispiel Sie nehmen, ob Studium, Sex oder ein Gehaltsgespräch mit Ihrem Chef: Die Vorbereitung wird entscheiden, ob Sie das bekommen, was Sie wollen, und ob es gut sein wird.
80 Prozent einer jeden Sache ist die Vorbereitung.

Um Ihr Leben zu verbessern, müssen Sie sich ebenfalls vorbereiten. In diesem Fall besteht die Vorbereitung in der Einsicht – ich habe im Laufe der vorhergehenden Kapitel auch von „Erkenntnis" gesprochen.
Sie müssen lernen, den Tatsachen ins Auge zu sehen. Aber auch sich selbst müssen Sie in die Augen sehen und ganz ehrlich zu sich sein – besonders wenn es um die Lebensbereiche geht, in denen es nicht zu Ihrer Zufriedenheit läuft.
Diese Einsicht ist Ihre Vorbereitung.
Wenn Sie das, was ich Ihnen in diesem Buch erkläre, ohne die richtige Einsicht angehen, werden Sie nicht die gewünschten Erfolge erzielen.

Ein Unternehmer, der sein zerfallendes Unternehmen immer nur mit der rosaroten Brille betrachtet, wird den Zerfall zu spät bemerken.

Ein Drogenabhängiger, der immer wieder sagt „einmal noch" und sein Problem nicht erkennen will, wird nichts daran ändern.

Es gibt einen oft gehörten Spruch, der so viel Wahrheit und Weisheit in sich trägt wie kaum einer sonst. Sie alle kennen Ihn:

„Einsicht ist der erste Schritt zur Besserung."

(Deutsches Sprichwort)

Das ist der Grund, warum ich diese Einsicht so betonen muss.

Alle Menschen nehmen sich Dinge vor, die wenigsten setzen sie um.

Doch warum ist das so?

Es fehlt die Vorbereitung, die Einsicht.

Manchmal ist es schwer, Fehler einzusehen, die in der Gesellschaft als normal angesehen werden. Es erfordert sehr viel Kraft und klare Gedanken, um diese Einsicht zu erlangen.

Doch diesen Weg müssen Sie beschreiten. Sie müssen sich mit diesen Dingen auseinandersetzen.

Es gibt zwei verschiedene Arten der Einsicht: Manchmal werden Sie Schritt für Schritt erkennen, dass sich an Ihrer Einstellung zu einer Sache allmählich etwas ändert.

Und manchmal werden Sie lange nichts bemerken, aber plötzlich macht es „Klick", und Ihnen erscheint plötzlich alles völlig klar.

Beide Varianten kennen Sie und haben sie schon oft erlebt.

Wenn Sie diese Dinge schon mal erlebt haben, können Sie sie immer wieder erleben. Nur nicht, wie bisher, aufgrund eines Zufalls. Diesmal arbeiten Sie gezielt an Ihrer Einsicht.

Nutzen Sie die unendlichen Möglichkeiten Ihres Geistes und setzen Sie sich intensiv mit sich selbst und Ihrer Situation auseinander, bevor Sie mit der Umsetzung Ihrer Einsicht beginnen. Diese Vorarbeit wird entscheiden, ob Sie dieses Buch nutzen können, um Ihr ganzes Leben ins Positive zu wenden.

Der Trugschluss des Wünschens und die Extreme

Sie wissen ja, welche Bücher in unserer Zeit die Bestsellerlisten beherrschen.
Immer wieder sind einige dabei, die das Thema Wünsche behandeln. „Wünschen Sie sich gesund", „Wünschen Sie sich reich" und Ähnliches in diesem Stil.
Ich bin ein ausgesprochener Fan des visuellen Denkens und Handelns und bin auch davon überzeugt, dass Sie mit Ihrem geistigen Auge Ihr Ziel fest im Griff haben müssen, um es zu erreichen.
Die meisten Bücher dieser Kategorie gehen aber leider nur auf das Wunschverhalten ein. Und in diesem Bereich haben sie alle recht. Sie erklären nämlich, dass die Genauigkeit des Wunsches in Ihrem Geist entscheidend ist. Und dass Sie sich unbedingt wie schon im Ziel fühlen müssen und Ihr Leben auf das Ziel ausrichten sollten.
Doch keiner redet oder schreibt vom Handeln.

Hier eine kleine Geschichte dazu.

Erkenne das Glück

Ein junger Mann wanderte eines Abends durch den Wald. Es dämmerte schon, als ein fürchterliches Unwetter aufzog. Vor ihm schlug ein gewaltiger Blitz ein, und ein Geist kam zum Vorschein.
Der Mann, noch erschrocken vom Einschlag, sah den Geist entsetzt an. Der beruhigte ihn und sagte: „Lieber Mensch, du hast mich gesehen, nun hast du einen Wunsch frei."
Der junge Mann überlegte und sagte: „Ich will Millionär werden."
Der Geist schnippte mit den Fingern und versprach ihm, dass er sicher Millionär würde.

Als der Mann noch völlig verwirrt wieder zu Hause war, kündigte er seine Arbeitsstelle mit der Begründung, er werde bald Millionär sein.
Die Zeit verging, und der junge Mann bekam einige Angebote.
Ein Freund kam auf ihn zu und fragte, ob er nicht mit ihm ein Unternehmen gründen wolle, weil er eine tolle Idee habe.
Der Mann sagte nur: „Nein, lass mal. Ich werde sicher Millionär."
Kurz darauf wollte ein anderer Freund ihm Aktien eines neuen, jungen Unternehmens verkaufen.
Doch der Mann sagte: „Nein, lass mal. Ich werde auch so sicher Millionär."
Als der Mann heiratete und eine Familie gründete, bot ihm sein Schwiegervater einen Top-Posten mit späterer Übernahme seiner Firma an.
Doch er lehnte wieder ab mit der Begründung, dass er ja Millionär würde.
Auch die Lottozahlen, die ihm sein Sohn voraussagte, argumentierte er weg mit dem Satz: „Mein Sohn, wir müssen nicht Lotto spielen. Wir werden sowieso Millionäre."
So vergingen die Jahre, und der Mann führte ein Leben in Armut und lag schließlich im hohen Alter auf dem Sterbebett, als ihm der Geist erneut erschien.
Der Mann sah ihn wütend an und sagte: „Ich habe mich auf dich verlassen, und du hast dein Versprechen nicht gehalten."
Der Geist erwiderte: „Lieber Freund, dein ganzes Leben lang habe ich dir Möglichkeiten gegeben, Millionär zu werden. Doch du wolltest nicht das Geschäft mit deinem Freund, nicht die Aktien, nicht das Geschäft deines Schwiegervaters und auch nicht die Lottozahlen deines Sohnes annehmen.
Ich habe mein Versprechen erfüllt, du hast es nur nicht angenommen."

Verstehen Sie, was ich mit dieser Geschichte sagen will?
Ihre Träume und Wünsche zu sehen, ist unglaublich wichtig. Ihr gesamtes Unterbewusstsein wird sich dafür einsetzen, dass sie Wirklichkeit werden können.
Doch das Wichtigste daran ist, die sich aus Ihrem neuen Denken ergebenden Gelegenheiten zu erkennen und beim Schopf zu packen.
Es ist unmöglich, im Lotto zu gewinnen, wenn Sie den Lottoschein nicht ausfüllen und einreichen.
Genauso ist es mit all Ihren Wünschen. Sie müssen handeln. Sie müssen etwas dafür tun.
Es hilft nichts, wenn Sie eines von den erwähnten Wunschbüchern lesen und sich dann darüber freuen, dass Sie nichts mehr tun müssen und nur noch darauf warten brauchen, bis sich alles erfüllt, was Sie sich vorgestellt haben.
Sie sollen sich darüber freuen, dass Sie von nun an wissen: Alles, was Sie sich wünschen, kann in Erfüllung gehen – dann, wenn Sie nicht nur weiter wünschen, sondern vor allem auch handeln.

Extreme

Ein weiterer Trugschluss beruht darauf, dass man in Extreme verfällt.
Jeder von Ihnen hat die Ohren voll von Sätzen wie „Kontinuität ist das A und O des Erfolges" oder von Weisheiten im Stil von „Erfolg ist Kontinuität".
All das ist richtig. Aber wo beginnt die Kontinuität, und was ist das überhaupt?
Wissen Sie, ich habe viele Kontinuitätsprediger kennengelernt, aber die wenigsten von ihnen handelten in allen Lebensbereichen nach dem Gesetz der Kontinuität.

Ich habe immer wieder Menschen erlebt, die beruflich unglaublich erfolgreich waren, aber privat völlig versagten.
Oder Spirituelle, die kontinuierlich an ihrer Selbstfindung arbeiteten, aber nichts für den damit zusammenhängenden Erfolg taten.
Die meisten Menschen, die in ein oder zwei Bereichen durch Kontinuität erfolgreich sind, werden in anderen Bereichen unglaublich extrem.
Warum ist das so?

Wenn jemand in Extreme verfällt, ist das immer eine Flucht.
Eine Flucht vor anderen Lebensbereichen, die einem nicht so sehr gefallen. Eine Flucht vor Gedanken, die einem Energie rauben.
Oder eine Flucht vor zu wenig Anerkennung, Aktivität oder Lockerheit.
Was ich Ihnen mit diesem Kapitel sagen will, ist, dass Kontinuität tatsächlich das Allerwichtigste für ein friedvolles und ausgeglichenes Leben ist.
Aber nur wenn Sie es schaffen, diese Kontinuität auf Ihr ganzes Leben zu verteilen. Kontinuität ist einer der Schlüssel zu sich selbst, zum inneren Frieden – und zwar dann, wenn Sie Kontinuität wirklich fühlen und leben.
Manche glauben, wenn sie so etwas lesen, man wolle sie in ihrer Leidenschaft, Euphorie und Begeisterung für eine Sache bremsen. Das ist auf keinen Fall das Ziel. Sie sollen für Ihr Leben – und damit meine ich Ihr gesamtes Leben: Ihre Familie, Ihren Beruf, Ihre Freunde und Hobbys – leidenschaftlich begeistert sein. Sie sollen das Feuer der Begeisterung auch auf Ihre Mitmenschen übertragen.
Das ist aber kein Widerspruch zur Kontinuität. Wenn Sie kontinuierlich arbeiten, wird sich dieses Feuer nur noch mehr ausbreiten. Sie werden immer das Gefühl haben, auf dem richtigen Weg zu

sein, und es werden niemals Zweifel in Ihnen aufsteigen. Denn Zweifel entstehen immer aus Mangel.
Mangel an Liebe, Geld oder Erfolg.
Achten Sie einfach das nächste Mal darauf, was passiert, wenn Sie Hunger haben, aber nicht gleich essen können. Es könnte sein, dass Sie plötzlich an allen möglichen Dingen zweifeln. Der Mangel lässt Sie zweifeln.
Wenn Sie kontinuierlich alle Lebensbereiche im Einklang halten, wird jeglicher Zweifel aus Ihrem Leben verschwinden.
Wenn Sie sich vornehmen, kontinuierlich zu leben, denken Sie daran, dass auch hier das Bauwerk zusammenbricht, wenn Sie einem der Bausteine zu wenig Aufmerksamkeit widmen.

Alles, was Sie jetzt noch brauchen, werden wir im nächsten und gleichzeitig letzten Kapitel dieses Buches behandeln.

Über allem steht der Mut

Mut. Ein Wort, das wir jeden Tag hören oder selbst gebrauchen. Wir denken dabei meistens an Helden, an große Taten und an Aufopferung.
Doch Mut ist viel mehr. Mut ist immer und überall nötig.
Alles, was Sie heute in Ihrem Leben als etwas ganz Alltägliches betrachten, hat Sie einmal, als Sie es zum ersten Mal taten, sehr viel Mut gekostet. Jeder von uns war schon des Öfteren auch bewusst mutig.
Genau das sind die Momente, die unser Leben mit Stolz erfüllen, die Momente, die uns glücklich machen, wenn wir darüber nachdenken.
Für mich ist Mut die wichtigste Eigenschaft im Leben.
Nur dank dem Mut sind Kriege beendet oder verhindert worden, nur durch Mut sind kleine Leute auf dieser Welt ganz groß geworden.
Nur weil Menschen mutig waren, sind Fortschritte wie das Fliegen, die Wunder der Medizin und viele Errungenschaften, die unser Leben lebenswerter machen, möglich geworden. Nur der Mut ist es, der uns wirklich voranbringt.
Manche Menschen verwechseln Mut mit Dummheit. Sicherlich gibt es tatsächlich eine Art Mut der Dummheit, wenn sich jemand etwa auf waghalsige, lebensgefährliche Abenteuer einlässt. Aber ich spreche hier vom Mut zur Veränderung. Mut zum Neuen.
Sie werden mir recht geben, dass einige Ihrer schönsten Momente im Leben die sind, in denen Sie Ihre Ängste überwunden haben und mutig waren.
Auch dieses Buch fordert viel Mut.
Das beginnt schon mit dem Mut, in einer geselligen Runde die übliche Zigarette abzulehnen. Und natürlich müssen Sie all Ihre

Kraft zusammennehmen, um den Mut aufzubringen, Ihr privates Umfeld zu ändern.

Genauso wird Ihre Courage auf den Prüfstand gestellt, wenn Sie der Liebe vertrauen sollen. Und auch dort ist ziemlich viel Schneid erforderlich, wo es darum geht, nach Ihrem wahren Ich zu suchen und dabei auch schmerzliche Einsichten, durchgreifende Veränderungen und manche bittere Enttäuschung zu verkraften.

Denken Sie aber immer daran: Es gibt nichts Schöneres als das Gefühl von Mut. Die ganze Welt steht und fällt mit dem Mut der Menschen.

Erst der Mut lässt Sie lieben, erst der Mut lässt Sie verzichten, der Mut ist es, der Sie Entscheidungen fällen lässt.

Wenn Sie die Dinge, die in diesem Buch stehen, umsetzen wollen, müssen Sie immer wieder Entschlossenheit und Courage beweisen.

Ihr Mut wird oft auf den Prüfstand gestellt, und am Ende wird er darüber entscheiden, ob Sie das, was Sie sich vorgenommen haben, schaffen oder nicht.

Ich fordere Sie auf, wieder mehr Mut zu zeigen. Ich fordere Sie auf, rauszugehen, die Brust rauszustrecken und zu sagen: „Ich packe es an."

Sie sind Ihre innere Stimme. Sie bestimmen Ihr Leben. Sie haben die Macht über alles in Ihrem Leben.

Die Kraft und Energie, die Sie haben, reicht für drei Menschen. Sie brauchen nur Mut.

Wenn Sie dieses Buch fertiggelesen haben, machen Sie es zu und entscheiden Sie sich für den Mut.

Das wünsche ich Ihnen von ganzem Herzen.

Den Mutigen gehört die Welt.
(Sprichwort)

DAS HERZ DES AUTORS

Lieber Leser,
ich bedanke mich von ganzem Herzen, dass Sie sich die Zeit genommen haben, dieses Buch zu lesen. Denn es gibt Millionen Bücher auf dieser Welt.
Sie haben sich für ein Buch entschieden, das zu Ihrer positiven Veränderung beitragen soll.
Das freut mich sehr.
Sie gehören zu den wenigen Menschen auf dieser Erde, die an Ihrer Persönlichkeit arbeiten und sich weiterentwickeln wollen.
Ein guter Freund sagte einmal zu mir, die wichtigste Eigenschaft des Menschen sei die Lernfähigkeit, weil man dank ihrer in der Lage sei, alles zu schaffen, was man nur will.
Genau diese Lernfähigkeit wünsche ich Ihnen.
Ich wünsche Ihnen, dass dieses Buch Sie auf Ihrem Weg ins Innere und zu Ihrem Erfolg ein klein wenig unterstützen kann.
Ich wünsche Ihnen, dass Sie erkannt haben, dass die Zeit sehr schnell vergeht und jede Sekunde, die Sie warten, reine Verschwendung ist.
Ich wünsche Ihnen Offenheit für die Liebe und Kraft für den Verzicht.
Ich wünsche es Ihnen und ich bete für Sie, dass Sie mit der Listentechnik arbeiten und so zu Ihren Zielen und Träumen gelangen.
Ich wünsche Ihnen Erkenntnis Ihrer selbst, und dass Sie niemals der Mut verlässt.

In liebender Dankbarkeit
Alexander Falkner

Alexander Falkner

Als Alexander Falkner im zarten Alter von 20 Jahren eine Karriere als Unternehmer im Finanz- und Vorsorgebereich startete, schien alles wie am Schnürchen zu laufen. Er erzielte in kürzester Zeit riesige Erfolge, innerhalb von nur drei Jahren war seine Firma auf 50 Mitarbeiter angewachsen. Die Umsatzzahlen waren top, und alle Wege in der Welt der Wirtschaft standen ihm offen.

Bis zu dem Tag, an dem er alles hinschmiss, seine Firma abgab und von vorne begann.
Man fragte ihn, was denn nur los sei und warum er ein sicheres Millionengeschäft trotz seiner Erfolge von heute auf morgen auflöse.
Die Antwort war für ihn völlig klar. Natürlich fühlte er sich sicher in diesem Bereich, er konnte, was die finanzielle Seite betraf, beruhigt in die Zukunft schauen, und viele bewunderten diese Erfolge in seinem Alter.
Seine Antwort auf die Frage, warum er denn dieses so gut laufende Geschäft aufgab, war: „Ich habe erkannt, dass es mich einfach nicht voll und ganz erfüllt und ich nicht all meine Liebe in dieses Geschäft stecken kann."

Somit begann er eine sehr aufregende und abenteuerliche Suche.
Er probierte alles Mögliche aus, belegte Schulungen und Seminare, um zu erfahren, was er denn wirklich wollte.
So studierte er Psychotherapie und belegte zusätzlich einen Studiengang in Journalismus, besuchte die Akademie der Musik- und Medienbranche, machte eine NLP-Ausbildung und absolvierte zusätzlich circa 20 Weiterbildungen in Bereichen wie Psychologie und Coaching.

Er bereiste währenddessen große Teile der Erde und ging unter anderem den spanischen Jakobsweg.

In seinem noch jungen Leben hatte er tausende intensive Gespräche mit Menschen aller Kulturkreise. Er lernte absolute Armut und riesigen Reichtum kennen, Menschen, die in Geborgenheit leben, und solche, die in ständiger Gefahr sind, mental starke und psychisch labile. Alles war dabei, und Alexander Falkner durfte von jedem Einzelnen viel erfahren und vor allem lernen.

Auf dieser langen Reise zu sich selbst stellte er eines immer wieder fest: Alle Menschen dieser Erde, die in irgendeiner Weise erfolgreich oder glücklich sind, haben eines gemeinsam. Eine Sache, die ihm so einfach erschien, dass er es erst selbst über einen langen Zeitraum ausprobieren musste, um daran zu glauben.
Alexander Falkner stellte fest: Jeder erfolgreiche Mensch hat, egal ob auf Papier oder im Kopf, eine Liste.
Eine Liste des Lebens.
Er kam zu dem Schluss, dass die menschliche Gesellschaft geprägt ist von Listen und dass alles von diesen Listen abhängt.

Er machte sich auf und schrieb all seine Erfahrungen in Verbindung mit der Liste und seiner Reise durchs Leben nieder. So entstand sein Werk „DIE LISTE". Ein Buch, das eine ganz einfache Wahrheit enthält und deswegen den Erfolg des Lebens in sich trägt. Denn auch das Leben ist einfach.

Inzwischen lebt der liebende Vater und begeisterte Sportler in der Nähe von München und coacht deutschlandweit Menschen in vielen Lebensbereichen. Vom beruflichen Aufstieg bis zum Finden des Traumpartners führt er die Menschen zum Erfolg. Er unterrichtet in Seminaren und moderiert immer wieder Großveranstaltungen verschiedener Unternehmen.

Als Autor des Buches „DIE LISTE" coacht er natürlich auch nach diesem System. Das Ziel des Buches sowie seines Coachings ist es, die Menschen in jeder Hinsicht weiterzubringen, sie erfolgreicher und glücklicher zu machen.

Wenn Sie sich entschließen, mit Alexander Falkner zusammenzuarbeiten, erwartet Sie eine spannende, spaßige und vor allem erfolgreiche Zukunft.

WWW.DIELISTE.DE

MEHR VON ALEXANDER FALKNER:

Weitere Informationen zum Buch, sowie SEMINARE und WORKSHOPS mit Alexander Falkner erhalten Sie unter:

www.dieliste.de

Bibliografische Information der Deutschen Nationalbibliothek. Die Deutsche Nationalbibliothek verzeichnet diese Publikation in der Deutschen Nationalbibliografie; detaillierte bibliografische Daten sind im Internet über http://dnb.d-nb.de abrufbar.

ISBN: 978-3-941412-12-5
Auflage: zweite Auflage

Impressum:

Verlag:
2bepublishing
Oskar-von-Miller-Ring 33
80333 Munich
Germany

www.2beknown.de

Autor: Alexander Falkner
Verlagsverantwortliche: Alexander Riedl, Rainer von Massenbach, Tobias Schlosser
Lektor: Bernhard Edlmann
Gestaltung: www.phuongherzer.de

Alle Rechte vorbehalten. Kein Teil des Werks darf in irgendeiner Form (Druck, Fotokopie, Mikrofilm oder in einem anderen Verfahren) ohne schriftliche Genehmigung des Verlags reproduziert oder unter Verwendung elektronischer Systeme verarbeitet, vervielfältigt oder verbreitet werden.

© 2bepublishing 2009 - All Rights Reserved

www.ingramcontent.com/pod-product-compliance
Lightning Source LLC
Chambersburg PA
CBHW050841160426
43192CB00011B/2120